Spannende Mythen von mutigen Mädchen

Nacherzählt von Claudia Martin

Illustriert von Khoa Le

Aus dem Englischen von
Anna Taube

arsEdition

Du möchtest noch mehr von uns kennenlernen?

arsEdition GmbH, Friedrichstraße 9, D-80801 München

Titel der Originalausgabe: Epic Myths for Fearless Girls

Aus dem Englischen von Anna Taube

ISBN 978-3-8458-5889-0

www.arsedition.de

Inhalt

Einleitung

Liebe Leserin, lieber Leser,

findest du Mythen auch so spannend? Dann wirst du die Geschichten der mutigen Mädchen in diesem Buch lieben!

Von Sedna in der kalten Arktis bis Isis im heißen Ägypten: Hier kämpfen mächtige Göttinnen und kühne Heldinnen gegen finstere Dämonen, sie überlisten Riesen und retten die Welt vor Katastrophen. Wenn alle vor Angst fliehen, stellen sich diese Mädchen den gefährlichsten Monstern!

Doch obwohl die Mädchen tapfer und entschlossen sind, fühlen sie sich nicht immer mutig. Manchmal haben auch sie große Angst. Sie fragen sich, ob sie stark genug sind für ihre bevorstehende Aufgabe. Manchmal fühlen sie sich alleingelassen, wenn die Situation völlig hoffnungslos erscheint. Und doch beißen sie alle die Zähne zusammen und bieten Unrecht und Gefahren die Stirn.

Mutig zu sein bedeutet für jede Heldin etwas anderes. Einige greifen mit starker Hand zum Schwert. Für andere heißt es, an sich selbst zu glauben, wenn es sonst niemand tut.

Nicht wenige unserer Heldinnen zeigen Mut, indem sie zu ihren Fehlern stehen. Und das kann die schwerste aller Heldentaten sein.

Mythen wurden schon erzählt, lange bevor es Bücher und sogar bevor es Schriftzeichen gab. Sie wurden abends am Feuer vorgetragen oder gesungen oder kleinen Kindern

ins Ohr gewispert, während sie langsam einschliefen. Schon immer brachten diese Geschichten die Zuhörenden zum Staunen oder zum Lachen. Und manchmal dienten sie auch dazu, zu erklären, wie die Welt sich entwickelt hat.

Viele Mythen versuchen, die Schönheit unserer Welt einzufangen – von den blühenden Blumen über die funkelnden Sterne bis zu den goldenen Sonnenuntergängen. Und sie möchten auch die Dinge erklären, die uns bedrohen: Stürme, Dürren, Feuersbrünste oder Überschwemmungen.

Die Geschichtenerzähler der Vorzeit schilderten, warum es sowohl das Gute als auch das Böse auf der Welt gibt. Deshalb sind einige unserer Heldinnen auch beides, gut und böse. Sie können ebenso die Felder bewässern oder Feuer löschen, wie sie gewaltige Vulkane schaffen oder gar die Sonne verstecken und damit furchterregende Finsternis bringen können. Wie die Menschen, die sich diese Mythen vor langer Zeit erzählten, und wie wir heute, haben auch unsere Göttinnen und Heldinnen ihre Fehler.

Irgendwann, möglicherweise viele Hundert Jahre, nachdem sie zum ersten Mal erzählt worden sind, wurden die Mythen aufgeschrieben. Und alle Menschen, die sie aufschrieben, abschrieben oder nacherzählten, fügten den alten Geschichten ihre eigenen Ideen, Erfahrungen, Hoffnungen und Ängste hinzu.

Wenn du die Geschichte von Oochigeas liest, werden dir bestimmt Ähnlichkeiten zu dem bekannten Märchen „Aschenputtel" auffallen. Es ist gut möglich, dass unsere Version von Oochigeas' Geschichte von diesem Märchen beeinflusst wurde.

Wer auch immer die Geschichte erzählt, entscheidet dabei bewusst oder unbewusst, wie er sie erzählt: welche Elemente erhalten bleiben, welche weggelassen werden oder hinzukommen und wie die Geschichte sich vielleicht neu zusammensetzt. Es ist schwer zu sagen, wie die Mythen in ihren frühesten Fassungen klangen und wie sie im Laufe der Jahrhunderte verändert wurden.

Auch wir haben uns in diesem Buch die Freiheit genommen, die Geschichten etwas anders neu und nachzuerzählen. In diesem Buch möchten wir vor allem vom Mut der Mädchen, der jungen Frauen und Göttinnen erzählen, den sie zeigen, wenn sie ihr Schicksal selbst in die Hand nehmen. Sie treffen ihre eigenen Entscheidungen. Sie schreiben die Geschichte ihres Lebens selbst.

Und das kannst du auch. Also, hol tief Luft und ... sei mutig!

Japlo und Mami Watas Kamm

Eine Nacherzählung von Mythen aus Liberia

Vor langer Zeit lebte an der sonnigen, sandigen Küste Liberias ein Mädchen, das hieß Japlo. Sie lebte dort mit ihrem kleinen Bruder Nyennoh und ihrem Vater. Obwohl sie nicht viel besaßen, waren sie sehr glücklich. Solange Japlos Vater nur hinaus aufs Meer fahren und Fische fangen konnte, mussten sie keine Not leiden.

Doch eines Nachts blies ein fürchterlicher Sturm über den Ozean. Während der Wind um ihr Häuschen jagte, hielten sich Japlo, Nyennoh und ihr Vater fest in den Armen. Als sich der Sturm am nächsten Morgen ausgetobt hatte, liefen die beiden Kinder hinaus an den Strand. Japlo schnappte entsetzt nach Luft, als sie das Boot ihres Vaters entdeckte: Es war an Land geworfen worden und hatte ein riesiges Loch. Groß genug, um hindurchzukriechen! Und alle Netze waren zerrissen.

„Was wird Vater nun tun, Japlo?", fragte Nyennoh und zog an ihrer Hand. „Er wird doch noch zum Fischen hinausfahren können, nicht wahr?" Japlo hätte ihrem kleinen Bruder gern gesagt, dass alles gut war. Aber sie wusste, dass ihr Vater ein solch großes Loch niemals würde reparieren können. Ohne Boot würde er nicht fischen können. Und ihre Schüsseln würden leer bleiben.

Doch sie wollte Nyennoh nicht mit ihren Sorgen belasten. „Das wird schon wieder", flüsterte Japlo heiser.

Am anderen Ende des Strands saßen Menschen im Schatten der Palmen beieinander. „Lass uns nachschauen, was da los ist", sagte Nyennoh und lief davon. „Schau nur, ein Geschichtenerzähler ist da!", rief er ihr über die Schulter zu.

Schnell folgte Japlo ihrem Bruder durch den warmen Sand. Der Geschichtenerzähler hielt eine Zauberharfe, eine Kora, zwischen den Knien und zupfte die Saiten mit schnellen, geschickten Fingern. Er sang ein Lied über den Wassergeist Mami Wata. Japlo hatte es schon einmal gehört.

„Und Mami Wata gab unserem Helden alles, was er forderte.
Sie flehte ihn an, ihr ihren kostbaren Kamm wiederzugeben.
Doch unser Held hielt den gestohlenen Kamm fest.
Und so gab Mami Wata unserem Helden alles, was er forderte ..."

Das Publikum sang mit dem Geschichtenerzähler mit, klatschte und staunte an den richtigen Stellen. Japlo hörte zu und wünschte sich, dass das Leben so einfach wäre wie in dieser Geschichte. Wenn sie doch nur Mami Wata finden und ihren kostbaren Kamm stehlen könnte. Dann könnte sie den Wassergeist um alles bitten. Und alles, was sie wollte, war ein neues Boot für ihren Vater.

Als der Geschichtenerzähler zusammenpackte, ging Japlo zu ihm. „Mir hat deine Geschichte sehr gefallen", sagte sie höflich. „Was ... was müsste eine Person tun, um Mami Wata zu finden?"

Der Geschichtenerzähler sah Japlo scharf an. „Geh ans Ufer des Meeres, wenn die Sonne am Ende des Tages darin versinkt", sagte er langsam. „Doch hüte dich vor den gierigen Wassergeistern, Kind. Und sei vorsichtig, wenn dir Mami Wata etwas anbietet. Sie gibt niemals, ohne im Gegenzug etwas zu fordern."

Doch das hörte Japlo schon nicht mehr. Vielleicht wollte sie die Warnung des Geschichtenerzählers auch gar nicht hören. Sie lief bereits hinter Nyennoh über den Strand nach Hause.

Als an diesem Abend die Sonne rosa und violett im Meer versank, ging Japlo allein an den Strand. Und dort erblickte sie Mami Wata, genau wie es der Geschichtenerzähler gesagt hatte. Japlo schluckte. Es war beinahe zu einfach!

Der Wassergeist saß auf einem Felsen vor der Küste. Die Wellen brachen sich dort, und die goldenen Schuppen auf Mami Watas Meerjungfrauenflosse glitzerten im Abendlicht. Wasserschlangen schlängelten sich zischend um ihre Schultern. Und währenddessen kämmte sich Mami Wata das Haar mit ihrem kostbar verzierten Kamm.

Japlo wusste, was sie tun musste. Sie brauchte eine Ablenkung, um Mami Watas Kamm stehlen zu können. Das Herz schlug ihr bis zum Hals. Trotzdem hob sie eine Kokosnuss aus dem warmen Sand auf. Vorsichtig kroch sie näher an den Wassergeist heran und duckte sich jedes Mal hinter einen Felsen, wenn Mami Wata in ihre Richtung schaute.

Endlich war Japlo nah genug und schleuderte die Kokosnuss, so weit sie nur konnte. Sie fiel hinter dem Geist ins Wasser. Erschrocken blickte sich Mami Wata um. Dann tauchte sie mit einem Schlag ihrer Flosse hinab, um nach der frechen Makrele oder dem Schnapper zu suchen, der es wagte, sie in ihrer Ruhe zu stören. Ihren kostbaren Kamm ließ sie auf dem Felsen liegen.

Japlo hatte keine Sekunde zu verlieren. Schnell watete sie ins Wasser und keuchte, als sich die Wellen erst um ihre Hüfte, dann um ihre Brust und schließlich um ihr Kinn schlossen. Dann hatte sie den Felsen erreicht, kletterte hinauf, griff nach dem Kamm und eilte zum Strand zurück. In diesem Augenblick hievte sich Mami Wata wieder aus dem Wasser auf ihren nunmehr leeren Felsen.

Ihr Blick glitt suchend über die Wellen und den Sand und schnell hatte sie Japlo am Strand entdeckt. Ihre Augen blitzten vor Wut. Ihre Schlangen zischten. „Ssssso, kleinesssss Mädchen", spie sie aus, „du hassssst also meinen Kamm gesssstohlen?"

„Es tut mir so leid. Aber das Boot meines Vaters ist kaputt. Er braucht dringend ein neues, und ich habe gehofft, dass du uns eines geben könntest", sagte Japlo schnell.

„Da du meinen Kamm besssitzt", sagte Mami Wata, „musssss ich dir allessss geben, wassss du fordersssssst. Ich werde auf dich zukommen, wenn ich im Gegenzug etwassss brauche."

Und mit einem Schlag ihrer Flosse war Mami Wata verschwunden.

Japlo schaute auf den Kamm in ihren Händen. Er war schwerer, als sie angenommen hatte, und seine Zähne waren scharf. Sie verbarg ihn in den Falten ihres Kleides und lief nach Hause, um schlafen zu gehen.

Schon bald nach Sonnenaufgang wachte sie vom aufgeregten Geschrei ihres Vaters auf. „Du wirst nicht glauben, was passiert ist!", rief er. „Jemand hat mein Boot repariert. Es ist so gut wie neu!"

Japlos kleine Familie weinte vor Freude. Nyennoh hüpfte glücklich auf und ab. Japlo dachte an Mami Watas Kamm mit den furchtbar scharfen Zähnen.

Als niemand hinschaute, rannte Japlo ans Meer und legte den Kamm auf Mami Watas

Felsen. Sie hoffte aus ganzem Herzen, dass der Kamm allein Mami Wata zufriedenstellen würde. Und doch entschied sich Japlo, dem Wasser nun lieber fernzubleiben. Nur für den Fall, dass der Wassergeist immer noch wütend auf sie war.

Als ihr Vater an diesem Abend nach Hause kam, war sein Korb randvoll mit Fischen. In der großen Bratpfanne bereiteten Nyennoh und Japlo ein Mahl aus Fisch mit Baobabblättern und Guineapfeffer zu. „Bitte hol mehr Feuerholz, Japlo", sagte ihr Vater.

Japlo ging hinaus zum Holzstoß und reckte sich, um an die obersten Holzscheite heranzukommen. Da glitt etwas über ihre Füße. Sie erstarrte. Eine Schlange schlängelte sich um ihr Bein, immer höher. Sie spürte die kalten Schuppen auf ihrer Haut.

„Ssssso", sagte die Schlange. „Hier bin ich."

„Oh, Mami Wata", keuchte Japlo. Die Holzscheite fielen ihr aus den zitternden Händen.

„Da du dir genommen hasssst, wasss ich am meisssten liebe, werde ich mir nun nehmen, wasss du am meisssten liebsssst."

„A-aber ich habe dir den Kamm doch wiedergegeben", stammelte Japlo und sank auf die Knie.

„Dummessss Kind", zischte Mami Wata. „Dasss war nicht die Abmachung. Lassss ssssehen." Sie wand sich, dass ihre Schuppen glitzerten. „Am meisssten liebsssst du Nyennoh, alssso werde ich ihn mitnehmen, damit er für immer am Meeresssssgrund lebt."

„Nein!", schrie Japlo. „Du darfst ihn nicht haben! Du darfst uns Nyennoh nicht wegnehmen! Niemals! Nimm mich, bitte, nimm mich an seiner Stelle!"

Mami Wata zischelte mit der Zunge durch die Luft. „Bissss bald", sagte sie, löste sich von Japlos Bein und glitt durch die Dunkelheit davon.

Japlo rannte ins Haus und umarmte Nyennoh. Und sie ließ ihn auch nachts nicht los, während sie neben ihm im Bett schlief. Die Tage und Nächte verstrichen, und Japlo hoffte, dass Mami Wata ihre Abmachung vergessen hatte. Die Monate vergingen, und

irgendwann sagte sich Japlo, dass Nyennoh in Sicherheit sei und Mami Wata ihn nicht holen würde.

Eines Morgens bat ihr Vater Japlo und Nyennoh, ihm dabei zu helfen, die Netze auszuwerfen. Während ihr Vater in die Bucht hinausruderte, hielt Japlo Nyennoh fest auf ihrem Schoß. Sie sah, wie das Dorf an der Küste immer kleiner wurde.

Japlo spürte, dass Nyennoh zitterte. Sie blickte zum Himmel und bemerkte, wie dunkle, schnell ziehende Wolken die Sonne verdeckten und wie sich die Wellen kräuselten und Schaumkronen bekamen.

„Ein Sturm zieht auf!“, schrie ihr Vater über den brausenden Wind.

Die Wellen wurden immer höher und wilder und warfen das kleine Boot hin und her. Wasser schwappte an Bord. Die drei hielten sich aneinander fest. Nyennoh begann zu weinen. Die Wellen warfen sie hoch und ließen sie wieder fallen. Und schließlich verschluckten sie sie.

Wasser drang in Japlos Augen, ihren Mund, ihre Nase. Ihre Arme waren leer. Wo war Nyennoh? Wo war ihr Vater? Voller Angst trat sie um sich, doch sie sah nichts als Wasser. Da entdeckte sie tief unter sich Nyennoh! Er strampelte verzweifelt mit den Armen und Beinen. Mit aller Kraft schwamm Japlo auf ihn zu und streckte die Hände aus. Doch sie war nicht schnell genug. Denn Mami Wata rauschte schon mit kräftigen Flossenschlägen heran. Sie ergriff Nyennohs Arm. Japlo klammerte sich an Mami Watas Hand.

„Nimm mich, bitte, nicht ihn!“, schrie Japlo ins Wasser.

Mami Wata schüttelte den Kopf. Sie schlug mit der Flosse, um abzutauchen. Doch Japlo ließ sie nicht los. Ob sie es wollte oder nicht, Mami Wata zog das Mädchen mit sich in die Tiefe. Japlo hielt sich am Wassergeist fest. Bis sie ihre Kräfte verließen und ihr die Luft ausging.

Da erkannte Mami Wata Japlos Selbstlosigkeit. Sie hatte nur um die dringend nötige Hilfe für ihren Vater gebeten. Und war bereit, dafür mit ihrem eigenen Leben zu bezahlen. Sogleich kehrte Mami Wata mit den beiden Kindern um.

Als Japlo die Wasseroberfläche durchbrach, schnappte sie keuchend nach Luft.

Mami Wata flüsterte ihr ins Ohr: „Du bisssst eine gute Schwesssster.“

Und mit einem Ruck hievte sie Japlo und Nyennoh über die Bootswand. Einen Augenblick später half sie auch dem Vater zurück ins Boot. Dann verschwand sie.

Erschöpft lagen die drei in dem Boot und hielten sich an den Händen. Als die Sonne wieder hervorkam, ruderte der Vater ans Ufer zurück. Japlo hielt zwischen den Wellen Ausschau nach Mami Watas schönem Gesicht. Doch sie sah sie nie mehr wieder.

Freyas Halsschmuck

Eine Nacherzählung nordischer Mythen

Es ist schon viele, viele Monde her, dass die alten Gottheiten über Nordeuropa gewandelt sind. Odin war der weise Göttervater. Einigen Sagen nach lebte er mit seiner Familie in der riesigen Burganlage Asgard. Hier lebte auch Freya, zusammen mit ihrem Zwillingsbruder Freyr. Obwohl sie nicht zu Odins Familie gehörten, wuchsen sie in Asgard auf, um den Frieden zwischen ihren Familien zu bewahren.

Freya wuchs zu einer mächtigen, starken Göttin heran. Sie konnte sogar zaubern! Freyas liebstes Schmuckstück war Brísingamen, eine Halskette aus purem Gold. Sie trug diese Kette jeden Tag, denn Brísingamen verstärkte ihre Zauberkräfte.

Außerdem besaß sie einen magischen Umhang aus Falkenfedern, mit dem sie fliegen konnte, und einen Wagen, der nicht etwa von Pferden, sondern von Katzen gezogen wurde. Freyas treuester Freund war das magische Wildschwein Hildisvíni. Es hatte scharfe Hauer und borstiges Fell und konnte sogar sprechen. So wurde Freya zu einer unerschrockenen Anführerin, die so manche Schlacht anführte – und die die Hälfte der gefallenen Wikinger-Krieger mit sich in ihre Halle Sessrúmnir nahm, um dort mit ihnen in alle Ewigkeit zu feiern.

Eines Tages sollte die starke Göttin heiraten. Ein Riese nach dem anderen kam und hielt um ihre Hand an. Sogar der Riesenkönig Thrymr wollte sie zur Frau. Doch Freya wies sie alle ab.

Als Freya eines Abends mit ihren Kriegern in der Großen Halle bei Met und Würsten zusammensaß, kam der Gott Loki herein. Freya wusste, dass Loki ein Unruhestifter war. Er wechselte seine Gestalt so schnell und so oft wie seine Freunde.

Freya seufzte. Sie winkte Loki herbei. „Loki, was bringt dich nach Sessrúmnir?"

„Schönste aller Göttinnen", säuselte Loki und ließ seinen listigen Blick nach links und rechts wandern, „ich komme mit schlimmen Nachrichten."

Damit hatte Freya gerechnet. „Was gibt es?", fragte sie grimmig. Hildisvíni trottete sofort an ihre Seite.

Loki legte sich eine Hand auf die Brust, als müsste er sein wild schlagendes Herz beruhigen. „Heute Morgen", wisperte er vernehmlich, „wachte der große Gott Thor auf und musste feststellen, dass ihm jemand seinen Hammer Mjölnir gestohlen hat. Kurz darauf bekamen wir eine Nachricht von Thrymr, dem König der Riesen. Wenn wir ihm nicht geben, was er verlangt, wird er mit Mjölnirs Hilfe die Macht an sich reißen."

Freya keuchte. Mjölnirs Schläge brachten Gewitter, Stürme und Zerstörung. Wenn Thrymr ihn benutzte, würden Himmel und Erde im Chaos versinken.

„Was will Thrymr denn?", fragte Hildisvíni schroff.

„Gut, dass du fragst", sagte Loki. „Thrymr will die schönste aller Göttinnen heiraten." Mit einem falschen Lächeln verbeugte er sich vor Freya. „Wenn du also so freundlich wärst, mit mir zu kommen, verehrte Freya, liefere ich dich bei Thrymr ab, und die ganze Angelegenheit ist schnell erledigt."

Freya spürte, wie der Ärger in ihr hochkroch. „Mich abliefern?", sagte sie mit bebender Stimme. „Wie einen Sack Stroh?"

Loki warf Freya einen unsicheren Blick zu. „Du willst Mjölnir doch gewiss nicht in den falschen Händen wissen?", fragte er verschlagen.

Freya sah zu Hildisvíni herab. „Was denkst du, Hildisvíni? Soll ich einfach tun, was man von mir will? Oder ...", brüllte sie so wütend, dass alle Krieger in der Halle mucksmäuschenstill wurden, „oder soll ich es diesen Göttern selber überlassen, sich um ihre Probleme zu kümmern? Geh, Loki, und komm bloß nicht zurück!" Sie zeigte zur Tür.

Unter tiefen Verbeugungen verließ Loki rückwärts die Halle. Doch wenn Loki nicht direkt an sein Ziel kam, fand er stets einen anderen, verschlungenen Weg. Er wusste, dass Freya ihre Halskette über alles liebte. Wenn es ihm gelänge, Brísingamen zu stehlen, würde Freya alles tun, um sie wiederzubekommen.

In dieser Nacht verwandelte sich Loki in eine Fliege und schlüpfte durch das Schlüsselloch in Freyas Schlafzimmer. Mit surrenden Flügeln landete er auf der Wange der schlafenden Göttin und rieb schadenfroh die haarigen Beinchen aneinander.

Doch Freyas linke Hand lag auf Brísingamen. In Sekundenschnelle verwandelte sich der tückische Gott in einen Floh und biss die arme Freya. Im Tiefschlaf hob Freya die Hand, um das Ungeziefer zu verscheuchen.

Da nahm Loki seine ursprüngliche Gestalt an, schnappte sich die Halskette und schlich sich aus dem Raum. Leise kichernd verschwand er in der dunklen Nacht.

Als Freya am Morgen erwachte, merkte sie sofort, dass etwas anders war. Das vertraute Gewicht von Brísingamen um ihren Hals fehlte! Und sie wusste, dass niemand außer Loki der Schuldige sein konnte. Schnell warf sie ihren Falkenmantel über und rief nach ihrem Wagen.

Die beiden Katzen balgten sich gerade um ein Wollknäuel, doch als sie ihre Herrin so zornig sahen, sprangen sie sofort vor den Wagen. In Begleitung von Hildisvíni galoppierten die Katzen los. Sie zogen Freya über Berge und Täler, direkt zur Burg Thrúdheim, wo Thor wohnte.

Freya hämmerte an die schwere Eichentür. „Thor! Mach sofort auf!"

Die große Tür schwang auf. Und da stand Thor: Seine Beine waren so stark wie Baumstämme, seine Augenbrauen so buschig wie haarige Raupen, und in seinem wilden roten Bart hätten Vögel nisten können. Neben Thor stand Loki – und an seinem Finger baumelte Brísingamen!

Thor war bekannt für seinen Jähzorn, doch Freya war zu verärgert, um darauf zu achten. „Gib zurück, was mir gehört!", forderte sie.

„Du bekommst deine Kette wieder", sagte Loki hämisch grinsend, „sobald Thrymr seine Braut hat."

Freya ignorierte Loki. „Thor, du kannst mich nicht zwingen, dir zu helfen, indem du mich bestiehlst. Wenn du eine Braut für Thrymr haben willst, heirate ihn doch selbst!"

Zu Freyas Überraschung brach Thor in schallendes Gelächter aus. „Ich glaube nicht, dass ich ihm gefalle", brachte er schließlich prustend hervor.

„Na ja, man bekommt nicht immer, was man will", sagte Freya entschlossen. Mit einem Mal hatte sie eine Idee. „Hmmm", sagte sie. „Wenn du genau das tust, was ich dir sage, Thor, wirst du Mjölnir bald wiederhaben und Thrymr erlebt die größte Überraschung seines Lebens."

„Wie das?", fragte Thor eifrig.

„Loki!", befahl Freya. „Geh zu Thrymr und sage ihm, dass ich es kaum erwarten kann, ihn zu heiraten. Sag ihm, er soll ein großes Hochzeitsfest vorbereiten und alle Riesen dazu einladen. Ich werde mit meiner Hofdame heute Abend eintreffen und mit ihm unsere prächtige Hochzeit feiern. Und, Loki", fügte sie ernst hinzu, „du musst mir Brísingamen hierlassen."

Loki spürte, dass hier ein wunderbar hinterlistiger Plan im Gange war, und tat, wie ihm befohlen worden war.

Freya schickte sogleich Hildisvíni los, um das größte Hochzeitskleid zu besorgen, das er finden konnte. Sie pflückte die schönsten Wiesenblumen: lila Glockenblumen und rote Wiesenraute, lieblich duftende Orchideen und zarte Weidenröschen.

„Jetzt", sagte Freya zu Thor, als Hildisvíni mit dem Brautkleid zurückkam, „musst du es anziehen."

„Was?", brüllte Thor außer sich.

Freya zog ihm das Kleid über die muskulösen Schultern.

„Ich glaube nicht, dass Thrymr mich heiraten will", rief Thor ärgerlich und schwang die Fäuste.

Freya hob warnend den Finger. „Das ist der einzige Weg, ihm zu zeigen, dass er sich nicht eine Braut bestellen kann wie ein Abendessen."

„Und dass er nicht von den Göttern stehlen darf", murmelte Thor und ließ nun alles geduldig über sich ergehen. Freya schmückte seinen Bart mit einer rosa Schleife und steckte ihm Blumen ins wilde Haar. Dann trat sie einen Schritt zurück, um ihr Werk zu begutachten. Bei Odin! Diese Braut sah noch immer wie ein alter, kriegerischer Gott aus, und nicht wie eine schöne, junge Göttin.

Freya überlegte kurz. Kurzerhand riss sie ein Stück Stoff aus ihrem Unterrock und zog es als Schleier über Thors Gesicht. Zuletzt legte sie Brísingamen um Thors Hals.

Dann eilten Freya und Thor nach Jotunheim, dem Land der Riesen. Thrymr begrüßte sie am Tor seiner Großen Halle. „Willkommen, willkommen!", dröhnte er. Der Riese war sogar noch größer als Thor, und er war fast so breit wie hoch.

„Hier ist die wunderschöne Freya", sagte Freya und schob den verschleierten Thor nach vorne.

„Sie ist größer als ich dachte", sagte Thrymr. „Und ich sehe, dass du Brísingamen trägst, wie immer", grunzte er in Thors Gesicht. „Bitte, kommt herein und genießt das Fest, das ich für euch vorbereitet habe."

Mit einem dumpfen Schlag, dass die Bank fast zerbarst, setzte sich Thor neben Thrymr. Freya nahm auf Thrymrs anderer Seite Platz. Nun setzten sich auch alle Riesen. Die Tafel war reichlich gedeckt. Thor, der nie Nein zu gutem Essen sagte, schaufelte in sich hinein, was immer aus der Küche hereingetragen wurde. Er aß ein halbes Rind, sechzehn Würste und vier Laibe Brot und spülte sie mit einem ganzen Fass Met hinunter. Dann rülpste er laut.

„Himmel aber auch“, sagte Thrymr nervös zu Freya. „Meine Braut hat ja einen ordentlichen Appetit.“

„Die arme Freya war so aufgeregt, dich endlich zu treffen, dass sie acht Tage lang nichts essen konnte“, sagte Freya schnell.

„Nun“, dröhnte Thrymr und rieb die Hände, „dann werde ich die Braut mal küssen.“

Als er sich vorlehnte, um Thor einen Kuss aufzudrücken, sah er dessen wütende Augen durch den Schleier funkeln. „Oh, meine Braut hat aber einen ziemlich stechenden Blick“, keuchte Thrymr.

„Freya hat ihre Hochzeit so herbeigesehnt, dass sie acht Nächte lang nicht schlafen konnte“, plapperte Freya.

„Wunderbar!“, sagte Thrymr und erhob sich. „Dann können wir jetzt die Ehe vollziehen.“

„Warte“, sagte Freya und legte dem Riesen eine Hand auf den Arm. „Wo du nun deine Braut hast, musst du mir Thors Hammer Mjölnir zurückgeben.“

„Mit Vergnügen“, sagte Thrymr gnädig und winkte einen stämmigen Riesen herbei. Der große Kerl drückte Freya den schweren Hammer in die Hände.

Mit einem Grinsen riss sich Thor den Schleier vom Gesicht und wandte sich Thrymr zu.

Da heulte Thrymr vor Wut auf. „Du bist nicht jung und schön“, brüllte er, „sondern alt und haarig und dein Gesicht sieht aus wie das einer Gewitterziege!“

„Wie kannst du es wagen?“, schrie Thor tief gekränkt. „Das ist sehr unhöflich! Und was glaubst du eigentlich? Dass du einfach eine Frau im Austausch für einen gestohlenen Hammer bekommst?“ Er legte seinen starken Arm um Thrymrs Hals, um ihm zu zeigen, dass man es mit den Göttern nicht zu bunt treiben sollte.

Mit ihrem Falkenumhang über den Schultern erhob sich Freya in die Luft und trug Mjölnir davon. Als sie durch die Tür der Großen Halle flog, drehte sie sich noch einmal um und sah Thor und Thrymr, wie sie Tische und Bänke umwarfen und wild die Fäuste schwangen. Die übrigen Riesen lachten laut, während die beiden ohne Pause Schläge und Beleidigungen austeilten. Freya lächelte verschmitzt. Sie hatte nicht nur den Hammer zurückgeholt, sondern auch Thor und Thrymr eine wertvolle Lektion erteilt: Die zwei würden nie wieder versuchen, einen faulen Handel um eine Göttin einzugehen!

Durga und der Büffeldämon

Eine Nacherzählung von Mythen aus Indien

Vor langer, langer Zeit herrschten die Götter über Indien. Sie saßen hoch oben im Himmel, wachten über die Erde und kümmerten sich um die Menschen, die dort lebten. Außerdem gab es das Königreich der Dämonen. Diese bekämpften die Götter ohne Unterlass und versuchten, sie zu zerstören. Doch die Götter waren im Besitz mächtiger Waffen und konnten die Dämonen so stets besiegen.

Eines Tages wurde im Dämonenreich ein Prinz geboren. Er war halb Dämon und halb Büffel. Sein Name war Mahishasura und er konnte jede Gestalt annehmen, die er wollte. Der Dämonenkönig war außer sich vor Freude: Seinem Sohn würde es gelingen, den Kampf gegen die Götter zu gewinnen.

Als Mahishasura älter und klüger wurde, dachte er sich einen schlauen Plan aus, wie er ein für alle Mal über die Götter triumphieren würde. Ein ganzes Jahr lang saß er unter einem Baum und betete zu Brahma, dem Gott der Schöpfung. Brahma war so beeindruckt von Mahishasuras Gebeten, dass er ihm ein Geschenk anbot, um den jungen Büffeldämon auf die Seite der Götter zu ziehen.

„Oh Herr, es gibt nur eine Kleinigkeit, die mein Herz begehrt", sagte Mahishasura schmeichelnd. „Ich wünsche mir, dass kein Gott, kein Mann und kein Tier die Kraft hat, mich zu töten."

Brahma erfüllte dem Dämon seinen Wunsch. Doch nun gab es nichts und niemanden mehr, der Mahishasura hätte aufhalten können. Der böse Büffel versetzte Götter und Menschen in Angst und Schrecken. Er zerstörte die Stadt der Götter im Himmel.

Er brüllte Stürme herbei. Er rammte die Berge mit seinen Hörnern und zertrampelte die Ernte mit seinen Hufen.

Die Götter blickten auf die entsetzten Menschen hinab und wussten, dass sie etwas unternehmen mussten: Sie versammelten sich im Himalaja, hoch über den Wolken, die diese höchsten Berge der Welt einhüllten.

„Wie können wir den Dämon loswerden?", rief Surya, der Sonnengott. „Kein Gott, kein Mann und kein Tier kann ihm etwas zuleide tun!"

Da sprach Brahma, der allwissende Gott: „Es ist nicht alles verloren. In seiner Arroganz ist es Mahishasura nicht in den Sinn gekommen, dass er von einer Frau besiegt werden könnte."

Vishnu, der Beschützer der Welt, lächelte. „Diese Göttin muss allerdings so stark, so weise und so gut sein, dass Mahishasura vor Angst davonrennt. Eine solche Göttin müssen wir erst einmal erschaffen."

„Und es wird unserer ganzen Kraft bedürfen", murmelte Shiva, der Gott der Zerstörung. „Schaffen wir das überhaupt?"

„Wir müssen es wenigstens versuchen", antwortete Varuna, der Gott des Meeres.

Die Götter fassten sich an den Händen und versuchten mit all ihrer Macht und ihrer ganzen Kraft, eine Göttin zu erschaffen. Zunächst geschah nichts. Dann flackerte inmitten ihres Kreises ein kleines Licht auf. Es wurde heller und heller, bis es erstrahlte wie die Sonne. Geblendet schlugen sich die Götter die Hände

vor die Gesichter. Als das gleißende Licht nachließ, blinzelten sie vorsichtig – und da war sie: eine Göttin, die aussah wie ein Menschenmädchen.

Sie war kleiner, als sie erwartet hatten. Und obwohl sie zehn Arme hatte, wirkte sie auf die Götter nicht besonders stark. Doch die Götter sagten lieber nichts, denn im Blick des Mädchens lag eine wilde Entschlossenheit.

„Wir müssen ihr Waffen geben", sagte Shiva. Er ging einen Schritt auf die kleine Göttin zu, während sich seine Schlange um seinen Hals wand. „Nimm diesen Dreizack", sagte er zu der neuen Göttin. Sie nahm ihn in ihre erste Hand.

Als Nächster kam Brahma, der Gott der Schöpfung, dessen vier Köpfe alles sahen. Er legte der Göttin eine perfekte Lotosblüte in die zweite Hand. „Diese Blume verleiht dir große Weisheit, ohne die keine Schlacht zu gewinnen ist."

Der dritte Gott, der vortrat, war Vishnu, der Bewahrer. Er streckte ihr einen runden, scharfen Diskus entgegen. „Mit einem reinen Herzen geworfen, zerstört diese Waffe alles Böse." Die Göttin nickte und nahm die Waffe in ihre dritte Hand.

Einer nach dem anderen traten nun die Götter vor und legten dem Mädchen Waffen in die Hände: Vayu, der Gott des Windes, reichte ihr Pfeil und Bogen. Indra, der Gott des Himmels, schenkte ihr eine Donnerwaffe, um Blitze zu schleudern. Sie bekam auch ein Schwert, eine Keule und eine Seilschlinge.

Als Letzter legte Varuna ein Muschelhorn in die zehnte Hand der Göttin. „Blase in dieses Horn, und sein schrecklicher Klang wird das Heer deines Feindes verwüsten."

„Nun bist du bereit, Mahishasura gegenüberzutreten", sagte Brahma zu der kleinen Göttin. „Doch zunächst brauchst du einen Namen. Ich nenne dich Durga, denn das bedeutet ‚die Unbesiegbare'."

Gerade wollte Durga sich aufmachen, um Mahishasura zu suchen, da kam Himavat, der Herr über den Himalaja, atemlos angerannt – so schnell, dass sein weißer Bart hinter ihm her wehte. „Warte! Du kannst doch nicht zu Fuß in die Schlacht ziehen. Reite auf diesem Löwen!"

Mit entsetzlichem Gebrüll sprang ein Löwe von einem der Berggipfel herab. Die Götter schnappten nach Luft. Doch Durga hatte keine Angst. Sie streckte eine Hand aus und streichelte dem Löwen durch die wilde Mähne. Sofort kniete das furchteinflößende Tier vor ihr nieder und Durga kletterte auf seinen Rücken.

Nun galoppierte Durga auf ihrem Löwen davon. Als sie die Ebene erreichte, auf der Mahishasura mit seinem Heer kampierte, rief Durga einem Soldaten zu: „Lauf und sag Mahishasura, dass ich seine Unterwerfung fordere. Sag ihm, er soll kommen und mir höchstpersönlich antworten."

Als der Büffeldämon vernahm, dass ein Mädchen seine Unterwerfung forderte, lachte er so sehr, dass er Bauchschmerzen bekam. Sofort verwandelte er sich in einen gut aussehenden Mann, weil er dachte, so würde er Durga leicht um den Finger wickeln können. Nur seine Hörner und die Hufe blieben.

Mahishasura stolzierte auf Durga zu, die schon ihre Waffen bereithielt.

„Mir wurde eine schöne Göttin angekündigt", sagte Mahishasura, „doch niemand hat mir gesagt, wie lieblich du bist. Oh, ich glaube, ich habe mich Hals über Kopf in dich verliebt!"

Durga hob eine Augenbraue. „Dir ist der Ernst der Lage wohl nicht ganz klar, hm? Wirst du dich mir unterwerfen?"

Mahishasura legte sich die Hand aufs Herz. „Wenn du mir versprichst, mich zu heiraten, mache ich alles, was du willst."

Das hatte Durga nun wirklich nicht erwartet. Sie kicherte so sehr, dass sie kaum mehr sprechen konnte. „Glaubst du, ich falle auf deine Tricks rein?", gelang es ihr hervorzubringen. Ihr Lachen wurde dabei immer lauter. Es wuchs zu einem Grollen heran, das die Erde zum Beben brachte und den Schnee von den Berghängen rutschen ließ.

Mahishasura verging sein dümmliches Grinsen. Erst jetzt erkannte er die Gefahr, in der er schwebte. Sofort verwandelte er sich in einen Büffel zurück und befahl seinen Dämonenkriegern anzugreifen. Schnell wie der Blitz blies Durga in ihr Muschelhorn. Den Dämonenkriegern verging Hören und Sehen. Sie pressten die Hände auf die Ohren, doch Durga blies weiter und weiter, bis sie schließlich alle zu Staub zerfielen.

Mahishasura und Durga kämpften den ganzen Tag gegeneinander, doch es gelang der Göttin nicht, auch nur einen einzigen Treffer zu landen. Am zweiten Tag verwandelte Mahishasura sich in einen Tiger, der mit Klauen und Zähnen Hiebe und Bisse austeilte. Durga schoss ihn mit Blitzen aus der Donnerwaffe nieder, doch er stand immer wieder auf. Am dritten Tag wurde Mahishasura zu einem Elefanten.

Durga schleuderte die Seilschlinge, zurrte sie um seinen Rüssel fest und riss ihn zu Boden. Da verwandelte sich Mahishasura in eine Schlange, wand sich aus dem Knoten und schlängelte sich davon.

Neun endlos lange, anstrengende Tage dauerte der Kampf. Der Dämon nahm die Gestalt eines Adlers, eines Leoparden, eines Bären, eines Wolfs, eines Krokodils und eines Skorpions an. Doch nie gelang es Durga, ihn mit ihren Waffen zu überwältigen. Ihr Pfeil verfehlte sein Ziel, ihr Schwert hieb daneben, ihr Diskus streifte nur sein Ohr.

Durga war erschöpft und durstig und begann langsam die Hoffnung zu verlieren. Mahishasura spürte ihre Verzweiflung und verhöhnte sie: „Du wirst mich niemals besiegen. Weil du nur eine Frau bist. Und ich bin, was immer ich sein möchte!"

Durga wusste, dass alle Hoffnungen auf ihr lagen: Die Götter und die Menschen vertrauten darauf, dass sie den Dämon bezwingen würde. Und sie hatte Angst, dass sie sie enttäuschen würde. Daher nahm sie ihren ganzen Mut zusammen und kämpfte weiter.

Am zehnten Tag stieß Durga mit dem Dreizack nach Mahishasura, als er sich gerade in einen Büffel zurückverwandelte. Wie überrascht war sie, als der Dreizack seine Schulter verletzte! Mahishasura brüllte vor Wut. Wieder veränderte er seine Erscheinung. Zuerst nahm der Kopf, dann die Arme menschliche Form an.

Darauf hatte Durga nur gewartet. Sie wusste jetzt, dass er am schwächsten war, während er sich verwandelte. Sie stieß mit dem Dreizack zu und erwischte den Dämon am Bein. Mahishasura fiel auf den Rücken und trat mit den Hufen in die Luft. Mit letzter Kraft rammte Durga dem Büffeldämon den Dreizack in den Bauch. Der Dämon brüllte wütend auf und starb.

Durga rieb sich den Staub und den Schweiß aus den Augen. Sie streichelte ihren treuen Löwen. Dann ritt sie zurück in die Stadt der Götter, wo sie warten würde, bis sie wieder gebraucht wurde.

Amaterasus Höhle

Eine Nacherzählung von Mythen aus Japan

Als die Welt jung war, gab es die japanischen Inseln noch nicht. Izanami, die Göttin der Schöpfung, und ihr Mann Izanagi blickten hinab auf das schäumende Meer und beschlossen, neues Land zu erschaffen. Izanami senkte ihren glitzernden Speer in den Ozean und ließ ihn im Wasser kreisen.

„Schau, Izanami!", jubelte Izanagi. „Eine Insel!"

Izanami wirbelte weiter, und die Inseln wurden immer größer und fester. Zwischen vielen kleineren entstanden so fünf große Inseln. Diese Inseln waren Japan. Ihre Berge waren von Wäldern bedeckt und ihre Täler waren voller Blumen und Flüsse.

Izanami lächelte. „Nun brauchen wir Kinder, damit sie über dieses schöne Land herrschen."

Izanagi nickte und watete ins Wasser. Zuerst wusch er sein linkes Auge. Sogleich kam eine Tochter zur Welt. Es ging ein so heller Glanz von ihr aus, dass ihre Eltern die Augen bedecken mussten. Das war Amaterasu, die Göttin der Sonne.

Dann wusch Izanagi sein rechtes Auge, und ein silbrig schimmernder Sohn kam zur Welt. Das war Tsukuyomi, der Gott des Mondes.

Schließlich wusch sich Izanagi die Nase. Ein zweiter Sohn kam zur Welt, der weinte und strampelte. Das war Susanoo, der Gott der Stürme und des Meeres.

Die Kinder lebten in dem riesigen Himmelspalast, von wo aus Amaterasu und Tsukuyomi gemeinsam herrschten. Die Sonne und der Mond schienen gleichzeitig vom Himmel herab und badeten die Inseln Tag und Nacht in ihrem Licht.

Nachdem die ersten Menschen auf den Inseln geboren wurden, beschlossen Izanagi und Izanami, dass es an der Zeit war, ein viertes Kind zu bekommen. Ihre zweite Tochter war Ukemochi, die Göttin der Speisen. Sie gab den Menschen so viel Fisch, Fleisch, Obst und Getreide, wie sie nur essen konnten.

Wie freuten sich die Eltern, ihre göttlichen Kinder aufwachsen und durch sie die Welt in einem ganz neuen Licht zu sehen. Und doch überstrahlte ein Kind alle anderen: Amaterasu war intelligent, liebenswürdig, musikalisch begabt und wunderschön. Ihre Eltern waren stolz auf sie. Und ihre Geschwister beneideten sie. So kam es, dass Amaterasu immer eitler und besonders Susanoo immer verbitterter wurde.

Eines Tages lud Ukemochi ihre Geschwister zu einem Festessen ein. Susanoo lehnte schlecht gelaunt ab. Amaterasu war zu beschäftigt damit, ihr glänzendes Haar zu bürsten. Doch sie befahl Tsukuyomi, hinzugehen und sich gut zu benehmen.

Als Tsukuyomi sich an den langen Tisch in Ukemochis Saal setzte, winkte ihm die Göttin der Speisen anmutig zu.

„Sei willkommen, Bruder“, sagte sie.

Tsukuyomi ließ den Blick über den leeren Tisch wandern. Er hatte ein herrliches Festessen erwartet, eines allmächtigen Gottes wie ihm würdig. Ungeduldig begann er, mit dem Fuß auf den Boden zu klopfen.

Ukemochi krempelte die Ärmel hoch. Zuerst steckte sie einen Finger in den Ozean und zog, unter gurgelndem Husten, einen dicken Fisch aus ihrem Mund. Dann kämmte sie mit der Hand durch die Wälder und pulte, nach einigem Prusten, einen Vogel zwischen ihren Zähnen hervor. Zu guter Letzt strich sie über ein Reisfeld und ihre Schultern hoben sich, als sie einen großen Berg Reis auswürgte. Zufrieden betrachtete die Göttin ihr Festmahl.

Tsukuyomi jedoch war angeekelt und sein Magen zog sich krampfhaft zusammen. Mit diesem Schauspiel hatte ihn seine Schwester zutiefst beleidigt. Er zog sein Schwert und tötete Ukemochi mit einem einzigen Streich.

Als sie das Klagen der Diener hörte, eilte Amaterasu in Ukemochis Saal. Dort stand Tsukuyomi neben dem Leichnam seiner Schwester, das tropfende Schwert noch in der Hand.

Amaterasu zitterte vor Schreck und Trauer. „Was hast du getan?“, schrie sie. „Und wie kannst du einfach so dastehen? Scher dich fort! Geh, ich will dich nie wieder sehen!“

Voller Scham schlich sich Tsukuyomi davon.

Von diesem Augenblick an sahen sich Amaterasu und Tsukuyomi nie mehr in die Augen. Tsukuyomi herrschte des Nachts und leuchtete mit sorgenvollem, schwachem Schein. Tagsüber strahlte Amaterasu hell auf die Erde hinab.

Allein mit ihrer toten Schwester, tat es Amaterasu furchtbar leid, dass sie ihrem Haar mehr Aufmerksamkeit geschenkt hatte als ihrer Familie. Und sie wusste, dass sie fortan die Aufgaben ihrer Schwester übernehmen musste. Denn ohne Ukemochis Speisen würden die Menschen auf den Inseln verhungern. Amaterasu strich durch Ukemochis Haar und zog Ochsen und Pferde heraus. Aus ihrer Nase nahm sie Hirsesamen, aus ihrem Bauchnabel Reissaat und zwischen ihren Zehen fand sie Weizen. Aus dem Mund ihrer Schwester zog Amaterasu Seidenfäden, die von emsigen Seidenraupen gesponnen wurden. Dann streute Amaterasu die Samen über die Inseln Japans. Sie sandte die Ochsen und Pferde aus, um durch die Täler zu galoppieren. Die Seidenraupen setzte sie in Maulbeerbäume.

So gab Amaterasu den Menschen Japans die Fähigkeiten, selbst ihre Felder zu bestellen und Seide herzustellen. Sie würden niemals hungern oder frieren, solange Amaterasu die Welt im Gleichgewicht hielt.

Um ihre eigene Trauer zu stillen, setzte sich Amaterasu an ihren Webstuhl. Sie liebte es, wolkenweiche Stoffe zu weben. Langsam ließ sie das hölzerne Schiffchen zwischen den Kettfäden hin- und hersausen, das den Schussfaden hinter sich her zog. Die bedachten Bewegungen beruhigten die Göttin allmählich.

Da stürmte ihr Bruder Susanoo mit einem Aufschrei ins Zimmer. Tränen der Wut liefen über seine Wangen. „Das ist alles deine Schuld!“, schrie er. „Wärest du zu ihrem Fest gegangen, statt dich selbst im Spiegel zu bewundern, würde meine Schwester noch leben. Und mein Bruder wäre noch bei uns.“

„Ich wünschte, beide wären noch bei uns, Susanoo“, antwortete Amaterasu und unterdrückte das Zittern in ihrer Stimme.

Susanoo stampfte so fest mit dem Fuß auf, dass Amaterasu das Webschiffchen aus der Hand fiel.

„Du warst schon immer der Meinung, besser als wir anderen zu sein!“, fauchte er.

Das war zu viel. „Du gehst jetzt besser!“, drohte Amaterasu.

Susanoo warf ihr einen wütenden Blick zu, dann fiel die Tür krachend hinter ihm ins Schloss. Mit einem Seufzer hob Amaterasu das Schiffchen auf.

Während sie weiterarbeitete, hörte Amaterasu, wie draußen der Wind heulte. Er rüttelte an den Palastmauern und ließ die Dachziegel und Tore wackeln.

„Oh, hör schon auf, Susanoo“, stöhnte Amaterasu.

Doch stattdessen ging nun ein Sturzregen nieder, so heftig, dass das Wasser durch die Türschlitze in den Palast eindrang. Auf einmal waren Schreie und Hufgetrappel auf den Gängen zu hören. Im nächsten Moment brach Susanoo auf dem Rücken eines gewaltigen Pferdes in den Raum ein. Das Pferd schnaubte und rollte wild mit den Augen.

Dann galoppierte es direkt auf Amaterasu zu! Bevor sie sich aufrappeln konnte, preschte es bereits quer durch den Raum und zertrampelte den Webstuhl, dass die Splitter nur so flogen. Das Schiffchen traf Amaterasu im Gesicht. Sie stolperte und fiel rücklings zu Boden.

„Ha!“, schrie Susanoo. „Jetzt bist du nicht mehr so perfekt, was?“

Die Dienerschaft rannte entsetzt herbei. Gerade rechtzeitig, um ihre Herrin wie ein Häuflein Elend auf dem Boden liegen zu sehen, die Kleider zerrissen und das Gesicht verschmutzt. Amaterasu meinte, jemanden kichern zu hören.

Die Sonnengöttin erhob sich und strich ihre Kleider glatt. In ihr brannten Wut und Schmach. Die Diener starrten sie an. Susanoo grinste. Gerne hätte sie etwas Schneidendes gesagt, etwas, um ihrem Bruder diese Demütigung vor den Augen ihrer Diener heimzuzahlen. Doch sie wusste, dass alle sie für schuldig und nun auch noch für lächerlich hielten.

Amaterasu drehte sich um und rannte davon. Sie rannte aus dem Palast und in die Berge. Dort wollte sie sich an einem Ort verstecken, wo sie niemand je mehr finden würde. Und so verkroch sie sich in der Höhle, in der sie früher oft mit Tsukuyomi gespielt hatte. Sie schob einen Stein vor den Eingang und schloss sich ein. Dann weinte sie.

Draußen versank die Welt in Dunkelheit. Tsukuyomis fahler Schein war nicht hell genug, um die Wege zu beleuchten, die Felder zu wärmen und den Menschen Sicherheit zu geben. Alle hatten große Angst. Die Menschen versteckten sich in ihren Häusern, hielten sich an den Händen und wimmerten: „Wo ist die Sonne? Womit haben wir das verdient? Was sollen wir nur tun?"

Nach drei Tagen der Dunkelheit versammelten sich die Göttinnen und Götter vor Amaterasus Höhle. „Die Menschen sind verloren und haben Angst", riefen sie der Göttin zu. „Bitte komm heraus."

Da schämte sich Amaterasu noch mehr. Wie sollte sie jemals aus der Höhle herauskommen, wo sie allen etwas so Schlimmes angetan hatte? Sie würde sich bei der ganzen Welt entschuldigen müssen.

Und so blieb Amaterasu in ihrer Höhle. Die Götter und Göttinnen versuchten, sie herauszulocken. Ame no Uzume, die Göttin des Tanzes, gab eine mitreißende Darbietung ihrer Kunst, die alle zum Jubeln und zum Lachen brachte.

Als Amaterasu das jedoch hörte, dachte sie, die Gottheiten würden über sie lachen. Und sie blieb weiter in der Höhle.

Omoikane, der Gott der Weisheit, trat vor. Er wusste, dass Amaterasus größte Schwäche ihre Eitelkeit war. Doch er wusste auch, dass sie vor allem dem Wohle aller dienen wollte. „Es ist gut, Amaterasu", rief er vor dem Höhleneingang. „Du kannst bleiben, wo du bist. Eine ebenso schöne Göttin wie du ist hier, um die Erde zu erhellen."

Amaterasu schnappte nach Luft. Die Erde brauchte sie nicht mehr! Sollte es wirklich eine andere Göttin geben, die wie sie war? Sie rückte den Stein vor dem Eingang ein Stück zur Seite und linste hinaus.

„Hier", sagte Omoikane und drückte Amaterasu etwas in die Hand. „Sieh selbst."

Amaterasu betrachtete das Ding, das Omoikane ihr gegeben hatte. Sie sah ein liebliches Gesicht, über dessen schmutzige Wangen sich Spuren von Tränen zogen. Omoikane hatte ihr einen Spiegel gegeben.

Ame no Uzume zog Amaterasu aus der Höhle und die anderen Gottheiten schoben schnell den Felsen davor.

„Niemand lacht über dich", flüsterte Ame no Uzume. Sie drückte Amaterasus Hand. „Wir sind hier, um dir zu helfen. Selbst die größte Göttin braucht Freunde."

Amaterasu tat es furchtbar leid, dass sie der Welt ihr Licht vorenthalten hatte. Sie wusste, dass sie sich schnell wieder an die Arbeit machen musste. Nie wieder würde sie die Welt in Dunkelheit stürzen, nur weil andere eifersüchtig auf ihre Schönheit und ihre Talente waren. Seither leuchtet die Sonne jeden Tag über den Inseln Japans, immer abwechselnd mit ihrem Bruder, dem Mond, der nachts scheint.

Isis entdeckt den Namen Ras

Eine Nacherzählung ägyptischer Mythen

Bevor unsere Welt erschaffen wurde, gab es nur wirbelndes Wasser in der Dunkelheit. Dann wurde über dem Brausen der Wellen ein Name geflüstert. Es war ein geheimer Name und er erweckte einen Gott zum Leben. Der Gott verriet niemandem jemals seinen wahren Namen, um nicht an Macht zu verlieren. Stattdessen wurde er als Sonnengott Ra bekannt.

Ra hatte den scharfen Schnabel und das glänzende Gefieder eines Falken. Auf seinem Kopf trug er das Symbol seiner Macht – die rote Sonnenscheibe. Ras Strahlen trockneten das Land und trennten das Wasser vom Himmel. Er gab allen Geschöpfen Leben, indem er ihre Namen sprach, Käfern wie Krokodilen, Menschen wie Schakalen. Jeden Tag wies er der Sonne den Weg über den Himmel und wärmte die Erde. Wenn der Abend dämmerte, betrat er die Unterwelt. Die ganze Nacht lang kämpfte sich Ra durch deren wechselhafte Gefahren. Und doch fand er jeden Morgen den Weg zurück zur Erde und brachte die Sonne mit.

Ra hatte viele Kinder, die wiederum selbst viele Kinder hatten. Eines seiner Enkelkinder, Isis, liebte es, dem alternden Gott bei seinem täglichen Weg zuzusehen. Sie wünschte es sich so sehr, mit ihm zu sprechen. Doch Ra war stolz und aufbrausend. Daher traute sich Isis nicht, ihn zu stören.

Die Jahre vergingen, und Isis bemerkte, dass Ra immer langsamer wurde. Sein Rücken krümmte sich unter der Last der Sonne. Seine einst glänzenden Federn wurden bleich und matt.

Ra hatte keine Kraft mehr, die schwere Sonnenscheibe hoch über den Himmel zu tragen. Der Feuerball ragte nur noch knapp über die Gipfel der Berge. Das bedeutete, dass die heiße Sonne der Erde nun näher war und ihre Hitze noch größer. Sie trocknete den Boden aus, ließ die Pflanzen eingehen und das Wasser der Flüsse verdampfen.

Kein Regen fiel auf die verdorrten Felder. Wo einst Gärten blühten, erstreckte sich nun Wüste. Und wo einst der Wind durch Blätter und Blüten raschelte, blies er nun fürchterliche Sandstürme vor sich her.

Die Menschen waren hungrig und durstig. Sie suchten unter den kahlen Ästen der Bäume so gut es ging Schutz vor der brennenden Sonne. Doch es half nicht viel.

Die Göttinnen und Götter waren in großer Sorge. Einige fragten Ra, ob sie die Sonne für ihn tragen könnten.

Außer sich vor Wut schickte Ra sie fort. Vielleicht wusste er tief in seinem Innern, dass sie recht hatten. Doch die Wahrheit war eine noch schwerere Bürde als die Sonne selbst.

Isis sah die hungrigen Kinder im Staub kauern. Sie sah deren Eltern, wie sie in der Wüste nach Wasser suchten. Isis begann zu weinen.

Und als ihre Tränen anfingen zu fließen, konnte Isis gar nicht mehr aufhören. Die Tränen rannen ihre Wangen herab und tropften auf die Erde. Es wurden immer mehr, und schon bald bildete sich ein See aus Tränen, der immer größer wurde.

Schließlich lief er über und ein Rinnsal bahnte sich seinen Weg über den trockenen Boden. Daraus wurde bald ein Bach und schließlich ein Fluss, der so groß war, dass er durchs ganze Land bis zum weit entfernten Meer floss.

Die Menschen Ägyptens jauchzten vor Freude und schöpften Wasser. Sie gruben Kanäle und wässerten so ihre Felder. Die Kinder plantschten vergnügt, während glitzernde Fische um ihre Beine sausten. Sie gaben Isis' Fluss den Namen „Nil".

Doch solange Ra mit der Sonne über die Erde stolperte, waren die Menschen nicht in Sicherheit. Isis wusste, dass Ra niemals freiwillig seine Aufgabe abgeben würde.

Noch immer erhielt er seine Macht durch seinen geheimen Namen, der ihm bei seiner Geburt zugeflüstert worden war. Niemand kannte diesen Namen. Und niemand würde Ra je dazu bewegen können, ihn auszusprechen. Denn er wäre demjenigen ausgeliefert, der sein Geheimnis kannte. Doch Isis hatte eine Idee.

Sie versteckte sich hinter einem Felsen am Wegesrand und wartete auf Ra. Schon bald hörte sie ihn kommen. Missmutig brummte er vor sich hin. Isis spähte vorsichtig hinter dem Felsen hervor.

„Die anderen Gottheiten meinen, sie könnten meine Aufgabe besser machen", knurrte Ra. „Sie sollen nur erst einmal so lange über die Erde wandeln wie ich!" Ärgerlich spuckte er aus.

Als Isis sicher war, dass Ra außer Sichtweite war, eilte sie hervor und hob den Matschklumpen auf, zu dem die Spucke im Staub geworden war. Sie rollte ihn zwischen den Handflächen und formte daraus eine Schlange. Mit den Fingerspitzen gab sie ihr scharfe Fangzähne und kleine Knopfaugen. Sie flüsterte der Schlange ihren Namen zu, sodass sie lebendig wurde. Sie hatte dieselbe Farbe wie der Boden, auf dem Isis kniete, und ihre Schuppen glitzerten, als sie sich davonschlängelte. So bemerkte Ra die Schlange nicht, als er am nächsten Tag wieder den Weg entlangkam. Blitzschnell riss die Schlange ihre Kiefer auf und grub ihre Fangzähne tief in Ras Knöchel.

Ra schrie, als er spürte, wie sich das Schlangengift in seinem Körper verteilte. Er fiel zu Boden, griff nach seinem Fuß und krümmte sich vor Schmerzen.

Isis sprang aus ihrem Versteck hervor. „Großvater, du wurdest von einer Schlange gebissen!", rief sie.

Bebend stieß Ra hervor: „Es brennt wie Feuer! Noch nie habe ich solche Schmerzen gespürt. Das Gift ist überall in meinen Adern."

„Oh, Großvater", sagte Isis und kniete neben ihm nieder. „Du musst mir deinen geheimen Namen verraten. Wenn ich ihn laut sage, wirst du überleben."

Doch Ra stöhnte nur: „Ich zittere vor Kälte! Ich kann nichts mehr sehen!"

„Sag mir schnell deinen geheimen Namen", keuchte Isis bleich vor Schreck, als ihr klar wurde, was sie getan hatte. Sie griff nach der zitternden Hand ihres Großvaters.

„Ich bin der Schöpfer des Himmels und der Erde, der Gottheiten und der Menschen, der Tiere und Pflanzen, des Lichts und der Dunkelheit."

„Ich weiß, das alles weiß ich. Doch wie lautet dein geheimer Name?", flehte Isis.

Der alte Gott schnaufte und sagte: „Oh, ich bin Ra, wenn die Sonne hoch am Himmel steht. Bei Sonnenaufgang heiße ich Khepri, denn ich rolle die Sonne über den Himmelsrand wie der Käfer seine Mistkugel über die Erde. Und bei Sonnenuntergang nennt man mich Atum, denn ich kämpfe gegen die Macht der finsteren Nacht."

„Nein, nein, Großvater", sagte Isis. „Diese Namen kenne ich alle schon. Alle kennen sie. Doch ich brauche deinen geheimen Namen."

„Enkeltochter", wisperte Ra, und seine Stimme war so schwach, dass Isis sich vorbeugen musste, um ihn zu verstehen, „ich kann dir diesen Namen nicht verraten. Er wurde mir im Moment meiner Geburt zugeflüstert und ich habe ihn in meinem Herzen vergraben. Dort muss er für immer versteckt bleiben. Chaos wird herrschen, sollte er bekannt werden."

„Großvater, bitte vertraue mir", drängte Isis mit weit aufgerissenen Augen. „Ich verspreche dir, dass dein Geheimnis bei mir sicher ist."

Ra blickte in Isis' Gesicht. Er hatte sie schon so oft auf seinem täglichen Weg über die Erde gesehen. So oft hatte er sich gewünscht, sie würde ihn begleiten, doch nie hatte sie sich ihm genähert.

Mit seinem letzten Atemzug hauchte Ra seinen geheimen Namen in Isis' Ohr.

Sofort sprach Isis einen Zauber:

„Möge das Gift ohne Wirkung sein, möge es versiegen,
möge Ra, der König der Götter, leben,
möge das Gift aus seinen Adern herausfließen und der Schmerz aus seinen Knochen,
möge Ra, der König der Götter, leben,
denn er hat mir seinen Namen genannt und mir seine Macht gegeben.
Möge Ra, der König der Götter, leben."

Dann flüsterte Isis Ras geheimen Namen, so leise, dass ihn sonst niemand vernehmen konnte. Da hörte Ra auf zu zittern. Isis tupfte ihm den Schweiß von der Stirn.

Und als Ra bereit war, half Isis ihm, sich zu erheben. Gemeinsam beschritten sie den Rest des Weges. Doch nun war es Isis, die die Sonne trug. Ganz allein hielt sie sie hoch über die Felder und Berge.

Von diesem Tag an war es Isis' Aufgabe, die Sonne über die Erde zu leiten. Auf ihren Schwingen flog sie über den Himmel und dabei trug sie die Sonnenkrone als Zeichen ihrer Kraft.

Oft bat Isis Ra, sie auf ihrer Reise zu begleiten. Sie liebte es, seinen Geschichten zu lauschen und von dem Tag zu hören, an dem er die Menschen geschaffen hatte. Sie drängte Ra auch, ihr von seinen Siegen über den bösen Apep zu berichten, der Licht und Ordnung zerstören wollte. Am liebsten mochte sie die Geschichte, in der sich Ra in eine Katze verwandelte und Apep mit seinen scharfen Krallen einfing.

Isis arbeitete behutsam und fleißig, und so kühlte die Erde allmählich ab, die Pflanzen wuchsen und die Menschen Ägyptens jubelten vor Freude. Einmal im Jahr trat der Nil über seine Ufer und ließ fruchtbaren Boden zurück für die Ernte im kommenden Jahr.

Die Menschen erbauten prachtvolle Tempel mit hohen Säulen, um darin ihrer Göttin Isis für ihre Tränen und ihren Mut zu danken, Ra das Geheimnis seines Namens zu entlocken.

Sedna vom Eismeer

Eine Nacherzählung von Mythen der Inuit

Vor langer Zeit lebte hoch oben in den Weiten des verschneiten Nordens ein Mädchen namens Sedna. Am liebsten schnitzte Sedna kleine Figuren. Obwohl ihr der eiskalte Wind dabei in die Finger biss, schnitzte sie auch an diesem Tag. Sie blies warmen Atem in ihre Handflächen, dann machte sie entschlossen weiter. Ihr kleines Kunstwerk war eine Robbe, die fast wie echt aussah.

Sedna liebte Tiere, doch am allermeisten mochte sie die Geschöpfe des Meeres. Die kleine Robbe war ein Geschenk für ihren Vater, Ataata. Sie stellte sich vor, wie er die kleine Robbe morgen, bevor er zur Jagd aufbrach, unter seinen Anorak schieben würde. Er würde sie auf seiner Haut spüren und sich immer daran erinnern, dass jedes Tier eine eigene Seele hatte. Denn ohne den Respekt für diese Seelen würden die Inuit-Jäger und ihre Familien hungern.

Plötzlich jaulte ein Hund auf und sogleich stimmten alle Hunde des Dorfes mit ein. Sie waren unruhig.

Sedna steckte ihre kalten Hände in die Jackentaschen. Sie blickte über das Eis und sah, wie die letzten Jäger auf ihren Hundeschlitten in Richtung Dorf jagten, nach Hause ans warme Herdfeuer.

Sedna stand auf und kroch in das Iglu ihrer Familie. Der Duft von warmem Eintopf begrüßte sie. Ihre Mutter rührte in einem Kessel, während ihr Vater seine Jagdausrüstung für den nächsten Tag bereitlegte.

„Das ist für dich, Ataata“, sagte Sedna und reichte ihrem Vater die geschnitzte Robbe.

„Ah, sie ist wunderschön“, sagte ihr Vater und bewunderte das Kunstwerk. „Sie wirkt so lebendig, dass es mich nicht überraschen würde, wenn sie von meiner Hand springen und im Meer nach Krabben tauchen würde!“

„Darf ich morgen zur Jagd mitkommen?“, fragte Sedna.

Ihr Vater runzelte die Stirn. „Nicht morgen, nein.“ Er räusperte sich nervös. „Deine Mutter und ich müssen mit dir sprechen.“ Er blickte Hilfe suchend zu Sednas Mutter.

Die stemmte die Hände in die Hüften. „Sedna“, sagte sie streng, „du hast alle Jäger unseres Dorfes und die des Nachbardorfes abgewiesen. Es ist höchste Zeit, dass du dir einen Ehemann suchst.“ Sie wedelte wild mit dem Kochlöffel, sodass Suppe auf die Felle spritzte. „Ein ausgesprochen edler Jäger ist ins Dorf gekommen, der eine Frau sucht. Und wir ...“ Sie biss sich auf die Unterlippe. „Wir haben ihn zum Abendessen eingeladen.“

„Aber ...“, keuchte Sedna. „Ich will nicht heiraten. Ich will für mich selbst jagen. Ich will auf die andere Seite des Ozeans reisen. Ich will –“

Ein Hund jaulte in der Nähe.

„Aluu! Hallo!“, rief eine fremde Stimme draußen.

Im nächsten Augenblick kroch der Jäger ins Iglu und brachte einen Schwall eisiger Luft mit hinein. Als er seine Kapuze zurückzog, erblickte Sedna das hübscheste Gesicht, das sie je gesehen hatte. Die Augen des Jägers glänzten, sein Haar schimmerte, seine Nase war so gerade, dass sie fast scharf wirkte.

Der Jäger lächelte Sedna so strahlend an, dass sie nicht anders konnte als zurückzulächeln.

Und so wurde es beschlossen. Bevor Sedna ganz zur Besinnung kam, saß sie schon hinter dem Jäger im Kajak und winkte ihren Eltern zum Abschied. Die Mutter und der Vater wurden kleiner und kleiner, bis Sedna sie schließlich nicht mehr vom weißen Meer und dem endlosen Horizont unterscheiden konnte.

Sedna betrachtete den Rücken des Jägers, wie er in Richtung seiner Insel paddelte. Seine Arme waren lang und stark, viel länger, als sie es in Erinnerung hatte.

„Ist es noch weit?“, fragte sie ein wenig nervös. Das alles war so neu und merkwürdig. Sie wusste kaum, wie sie überhaupt hierhergekommen war.

Der Jäger wandte sich zu ihr um und sie sah seine scharfe Nase im Gegenlicht. „Nicht mehr weit.“

Der Jäger paddelte weiter und seine Arme wurden noch länger. Sedna wusste, dass es ihre Einbildungskraft sein musste, die ihr vorgaukelte, dass sich seine Arme auf und ab bewegten wie Vogelschwingen.

Der Jäger warf die Kapuze zurück. Sein Haar sträubte sich entlang seines Rückens. Sedna stockte der Atem. Sie streckte eine zitternde Hand aus. Das war kein Haar. Das waren Federn. Drahtige Federn.

„Warte ... Stopp ..." Was ging hier vor?

Der Jäger dreht sich zu ihr um. Seine Nase war ein Schnabel. Langsam breitete er die Arme aus, weiter und weiter – zu riesigen Schwingen.

Sedna wich zur Seite, um ihm zu entkommen, und fiel ins Wasser. Der riesige Vogel schnappte mit seinem Schnabel nach ihr und zog sie an ihrem Anorak aus den Wellen. Höher und höher stieg er auf und trug sie über den Ozean. Hilflos baumelte sie in der Luft.

Bald schon näherten sie sich einer zerklüfteten Insel, die von hohen Wellen umspült wurde. Dort landete der Vogel auf einem Felsvorsprung und setzte Sedna in einem Nest aus Zweigen und Moos ab. Sednas Ehemann war ein Eissturmvogel, ein Qaqulluk.

Der Qaqulluk flatterte um Sedna herum und blickte sie aus stechenden Augen an. Ein Zittern durchlief Sedna. Sie schlang die Arme fest um ihren eiskalten Körper und knirschte wütend mit den Zähnen. Sie und ihre Eltern waren fürchterlich hintergangen worden. Unter ihr schlugen die Wellen krachend gegen die Felsen. Wenn Sedna sich zu weit über den Felsrand beugte, würde sie in das tosende Wasser stürzen. Sie saß in der Falle.

Als der Qaqulluk sah, dass Sedna sich ihrem Schicksal ergab, flog er davon. Er sauste über das Eismeer und tauchte dann und wann nach einem Fisch.

Stunde um Stunde verging und Sedna konnte nichts tun, außer die Wellen zu betrachten. Als die Abenddämmerung hereinbrach, erblickte sie etwas. Das Kajak war an die Insel gespült worden! Es klemmte zwischen zwei Felsen, und das Paddel lag noch darin. Wenn es Sedna gelänge, die Klippen hinabzuklettern, könnte sie nach Hause fahren.

„F-chii!", kreischte der Qaqulluk und landete auf dem Nestrand. Er ließ einen nassen Fisch in Sednas Schoß fallen. Sie wusste, dass sie Kraft brauchte und essen musste, wenn sie fliehen wollte. Daher biss sie in das salzige Fleisch und würgte den Bissen ihre trockene Kehle hinunter. Ihr Ehemann hockte neben ihr auf dem Felsen und putzte sich mit dem Schnabel das Federkleid.

In der Nacht lag Sedna mit dem Kopf auf den Zweigen ihres Gefängnisses. Sie dachte an ihre Schnitztiere. Wie sehr hatte sie es geliebt, Robben, Walrosse, Fische und Wale zu schnitzen. Und wie sehr wünschte sie sich jetzt, frei zu sein wie die Geschöpfe des Ozeans.

Als die Sonne am Horizont erschien, flog der Qaqulluk wieder davon und ließ Sedna allein im Nest zurück. Jetzt war ihre Chance gekommen!

Auf ihrem Bauch liegend, tastete Sedna mit den Füßen nach einem Halt in den Klippen. Schließlich fand sie einen kleinen Vorsprung, ließ sich hinab und griff mit den Fingern nach einem weiter unten gelegenen Felsen. Sie schürfte sich die Knie und Ellbogen auf, während sie an der Klippe hinabrutschte. Doch endlich erreichte sie das Kajak. Sie sprang hinein, griff nach dem Paddel und zog es mit aller Kraft durchs Wasser, links, rechts, links, rechts ... Mit jedem Zug entfernte sie sich weiter von ihrem Gefängnis.

„F-chii!" Wie aus dem Nichts tauchte der Qaqulluk auf, stürzte auf sie herab und schnappte nach ihrem Anorak.

„Hau ab!", schrie sie und schwang das Paddel über ihrem Kopf. „Lass mich in Ruhe!"

Der Qaqulluk wich aus und schlug mit seinen mächtigen Schwingen. So sehr, dass sich ein starker Wind erhob, der die Wellen hochpeitschte. Das Kajak schlingerte und kippte. Die eiskalten Fluten zogen Sedna hinab. Sie trat mit den Beinen, bis sie die Wasseroberfläche durchbrach. Keuchend griff Sedna nach dem Kajak.

Der wütende Qaqulluk schlug noch kräftiger und schneller mit seinen riesigen Schwingen. Trotzdem gelang es Sedna, sich mit vier klammen Fingern am schaukelnden Kajak festzuhalten. Wenn sie jetzt losließe, würde sie das Gewicht ihrer nassen Fellkleidung wieder in die Tiefe ziehen.

Der Qaqulluk schoss mit offenem Schnabel auf Sedna zu. Er wollte sie wie einen Fisch aus dem Wasser holen und zurück in sein Nest bringen. Den Gedanken, für den Rest ihres Lebens von ihrem geliebten Ozean getrennt in luftiger Höhe verbringen zu müssen, konnte Sedna nicht ertragen. Alles war besser als das. Und so biss sie die Zähne zusammen – und ließ los. Ihre kalten Finger lösten sich vom Rand des Kajaks, eins, zwei, drei, vier, und sie sank hinab in die Tiefe.

Das Meer umarmte sie mit seinen eisigen Wassern und begrüßte sie wie eine alte Freundin. Und während sie tiefer und tiefer hinabsank, geschah etwas Merkwürdiges mit ihren erfrorenen Fingern.

Ihr erster Finger verwandelte sich in ein Walross mit langen Stoßzähnen. Ihr zweiter Finger wurde eine Ringelrobbe. Ihr dritter Finger nahm die Gestalt eines kräftigen Wals an. Und aus ihrem vierten Finger wurde ein Schwarm schillernder Fische.

Sednas Felle trieben davon, und da sah sie, dass ihr anstelle ihrer Beine eine schimmernde blaue Flosse gewachsen war. Auf einmal schwammen alle Meeresbewohner auf Sedna zu, um ihre Meeresgöttin zu begrüßen. Sie versteckten sich in den Strähnen ihrer wallenden Haare. Die Robben schmiegten sich an ihre Wangen. Die Wale sangen ihre langen, melodiösen Lieder.

Glücklich schlug Sedna mit ihrer prächtigen Flosse und schwamm mit ihren Freunden. Sie war frei! Frei vom Qaqulluk und frei, zu schwimmen, wohin immer sie wollte.

Seit diesem Tag beschützt die Meeresgöttin Sedna alle Lebewesen in und am Wasser. Versucht ein Jäger mehr Tiere zu nehmen, als er zum Leben braucht, wird Sedna wütend und bestraft ihn. Doch zollt der Jäger dem Meer Respekt, belohnt Sedna ihn mit Jagdglück, indem sie ein Tier aus ihrem Haar befreit und an die Wasseroberfläche schickt.

Pandora und die geheimnisvolle Büchse

Eine Nacherzählung von Mythen aus Griechenland

Vor langer, langer Zeit wachten die Göttinnen und Götter vom Berg Olymp aus über die Menschen. Der oberste und mächtigste Gott war Zeus, und er mochte es gar nicht, wenn sich jemand seinem Befehl widersetzte.

Doch genau das wagte der Halbgott Prometheus. Er war der Beschützer der Menschen. Als er den Menschen das Feuer brachte, obwohl Zeus es verboten hatte, wurde der Göttervater sehr wütend. Er dachte sich einen Plan aus, wie er sich an Prometheus und an den Menschen rächen könnte. Dazu brauchte er die Hilfe von Hephaistos, denn der war der Gott des Feuers und der Schmiedekunst und zudem ein großartiger Künstler. Zeus befahl ihm, eine ganz besondere Frau zu erschaffen. Hephaistos machte sich sogleich ans Werk. Unter seinen geschickten Händen entstanden ein Bein, ein Ellenbogen, ein Rippenbogen und eine Ohrmuschel. In diesem Moment betrat Aphrodite, die Göttin der Liebe, Hephaistos' Schmiede.

Schüchtern lächelte Hephaistos die wunderschöne Göttin an. „Ich bin froh, dass du gekommen bist, Aphrodite. Sieh her, ich soll für Zeus ein Mädchen erschaffen. Ihr Gesicht würde ich gern dem deinen nachempfinden."

Aphrodite lächelte. „Das freut mich, aber es wäre wohl nützlicher, wenn du sie stark machen würdest."

Hephaistos errötete ein wenig und nickte. Behutsam zog er mit den Spitzen seiner Finger die Kurven der Augenbrauen, formte die Nase und drückte ein Grübchen ins Kinn.

Da betrat Zeus den Raum. „Bist du fertig?“, fragte er Hephaistos. Dieser nickte. Hinter dem Göttervater kamen auch die anderen Göttinnen und Götter herein.

„Nun“, sagte Zeus und klatschte in die Hände, „wenn sie meinen Plan ausführen soll, braucht sie noch weitere Fähigkeiten.“ Er blickte in die Runde und nickte Hermes zu.

Hermes, der leichtfüßige Götterbote, trat vor. „Ich schenke ihr die Gabe der Redekunst“, sagte er, indem er mit seiner Hand über den Mund des Mädchens strich.

Nun winkte Zeus Apollo heran, den gut gelaunten Gott der Musik und des Tanzes. Mit einer fließenden Bewegung trat Apollo vor und sang: „Ich schenke ihr die Gabe, auf der Lyra zu spielen, sodass sie stets wunderschöne Musik machen wird.“

„Gut“, sagte Zeus. „Und ich“, er zeigte auf das Mädchen, „schenke ihr die Gabe des Lachens.“

Da erzitterte der Körper des Mädchens und mit einem Keuchen nahm es seinen ersten Atemzug. Dann schlug es die Augen auf. Sie waren groß und dunkel und von so feinen Wimpern umrahmt, dass man sich kaum vorstellen konnte, dass Hephaistos' grobe Finger sie geschaffen hatten.

Das Mädchen blickte um sich und ballte zitternd die Hände zu Fäusten.

Zeus' Gemahlin Hera trat vor und legte die Hand auf die Schultern des Mädchens. „Keine Angst, meine Tochter.“

Während die übrigen Götter sich entfernten, blieben neben Hera noch drei weitere Göttinnen zurück: Athene, Aphrodite und Peitho.

Hera nickte Athene zu, der großen Göttin des Krieges und der Weisheit.

Die furchtlose Göttin trat einen Schritt vor. In einer Hand hielt sie einen glänzenden Speer und auf ihrer Schulter saß eine Eule, deren kluge Augen alles sahen. Athene legte ihre Hand schwer auf den Kopf des Mädchens. „Ich schenke dir die Gabe der Weisheit.“

„Danke“, sagte das Mädchen. Ihre zarte Stimme klang dabei erstaunlich fest.

Aphrodite berührte sanft die Brust des Mädchens. „Und ich schenke dir die Gabe der Liebe, der Freundlichkeit und der Großzügigkeit.“

Das Mädchen lächelte und traute sich, in das strahlende Gesicht der Göttin aufzublicken.

Nun war Peitho an der Reihe. Die Göttin der Überredung berührte sanft die Wange des Mädchens. „Ich schenke dir die große Gabe, den Unterschied zwischen Richtig und Falsch zu erkennen.“

Das Mädchen nickte ernst.

„Zuletzt, meine Tochter", sagte Hera, „schenke ich dir die Gabe der Neugier."

Die anderen Göttinnen murmelten zustimmend.

„Und wie lautet mein Name?", fragte das Mädchen.

Hera schaute sie nachdenklich an. „Ich denke, wir nennen dich Pandora. Das bedeutet ‚mit allen Gaben'."

Damit nahm Zeus Pandora bei der Hand und führte sie die Hänge des Olymps hinab auf die Erde. Hier ließ er das Mädchen allein zurück.

Pandora hörte ein Lachen. Neugierig lief sie in die Richtung, aus der das Lachen kam. Im Schatten großer Bäume voller Birnen und Feigen hatten sich etwa zwanzig Jungen und Männer versammelt. Einer flocht eine Girlande aus roten Blüten, während ein anderer die Saiten einer Lyra zupfte. Andere dösten im Sonnenschein, während Bienen harmlos um ihre Köpfe summten.

Als die Männer Pandora entdeckten, starrten sie sie verwundert an. Die Lyra fiel mit einem dumpfen Laut zu Boden.

Pandora schluckte. „Die Götter schicken mich zu euch", erklärte sie und hoffte, dass sie das Zittern in ihrer Stimme nicht hörten.

„Herzlich willkommen!", rief einer der Männer und schüttelte ihr aufgeregt die Hand.

Ein weiterer trat heran. „Hallo, möchtest du vielleicht etwas essen?" Er bot ihr eine süße, reife Birne an.

Und so wurde Pandora in die Gruppe aufgenommen. Jeden Tag sangen und tanzten sie von morgens bis abends im Sonnenschein. Nachts zogen sie sich in ihre Pavillons zurück. Eine sanfte Brise strich zwischen den Säulen umher, um sie in den Schlaf zu lullen. Nichts hatten sie zu fürchten, weder die Dunkelheit noch einen hungrigen Wolf, denn es gab keine Gefahren und kein Leid auf der Welt. Keiner stritt oder sagte ein unfreundliches Wort. Pandora hätte rundum glücklich sein sollen.

Doch schon bald langweilte sie sich. Jedes Lied war so melodisch wie das vorherige. Jede Frucht so reif wie die andere. Pandora sehnte sich nach etwas Neuem, nach etwas Abwechslung. Sie fragte sich, was wohl hinter dem nächsten Hügel, hinter dem nächsten Wäldchen lag. Eines Tages, als die anderen im Schatten dösten, machte sie einen Spaziergang. Da entdeckte sie einen runden Pavillon, der ihr zuvor nie aufgefallen war. Auf den Stufen des Pavillons stand ein großes Gefäß.

Wie magisch angezogen ging Pandora auf das Gefäß zu. Sie wusste sofort, dass es etwas Besonderes war. Es war aus gebranntem Ton und mit leuchtenden, verschlungenen Mustern verziert. Geschickte Hände mussten viele Stunden damit verbracht haben, dieses Gefäß zu erschaffen. Pandoras Herz klopfte. Sie musste unbedingt wissen, was darin war, und legte die Hände auf den Deckel.

„Stopp!", rief da plötzlich einer der Männer und rannte auf sie zu. „Öffne es nicht!"

„Warum nicht?", fragte Pandora. Der Mann sah verängstigt aus. Doch wovor hatte er Angst, wenn es in dieser Welt nichts zu befürchten gab?

„Weil Zeus es gesagt hat", stammelte er. „Er hat die Büchse hierhergebracht und gesagt, dass wir sie niemals öffnen dürfen."

„Aber ...", sagte Pandora und strich mit den Fingern über den Deckel der Büchse, „warum steht sie hier, wenn wir sie nicht öffnen dürfen? Das ist nicht richtig."

„Trotzdem. Fass sie bitte nicht an", flehte der Mann, griff nach Pandoras Hand und führte sie zu den anderen zurück.

Doch am nächsten Tag, als niemand schaute, ging Pandora wieder zu der Büchse. Sie zeichnete mit den Fingern die Muster nach. Sie hob sie an, um ihr Gewicht abzuschätzen. Sie drückte ihr Ohr an die Seite der Büchse. Etwas flatterte darin. Was konnte es sein? War etwa ein Lebewesen in der Büchse gefangen? Eingesperrt und ganz allein?

Pandora musste nachsehen! Ohne weiter darüber nachzudenken, hob sie den Deckel an und schaute hinein. Und erschrak!

Etwas Böses kauerte dort.

Pandora zuckte zusammen. Schon sprang ihr die Gestalt ins Gesicht und stieß sie um. Pandora taumelte. Das Ding war frei und schoss auf schnellen Schwingen in die Luft.

„Ich bringe Krankheit!“, brüllte es.

Eine zweite Gestalt flatterte aus der Büchse. Ihre schleimigen Schwingen streiften Pandoras Gesicht und ihr wurde übel. „Ich bringe den Tod!“, zischte die Kreatur.

Verzweifelt sprang Pandora auf und versuchte mit ihrem ganzen Gewicht, die Büchse zu schließen – doch es war zu spät! Vier weitere Monster quetschten sich durch den Spalt hinaus in die Welt und spreizten ihre Schwingen. „Ich bringe Krieg!“, „Ich bringe Grausamkeit!“, „Ich bringe Hass!“, „Ich bringe Lügen!“, verkündeten die fliegenden Biester.

Pandora zitterte vor Angst und Kummer. Was hatte sie nur getan? Es gab keine Möglichkeit, all das Böse jemals in die Büchse zurückzubekommen. Schon flatterten die Übel in die Welt hinaus.

Doch dort, auf dem Boden der Büchse, regte sich etwas. Scheu blinzelte das Wesen zu Pandora empor, bevor es zögerlich herausflatterte. Seine Flügelchen waren so zart, dass es fast wirkte, als seien sie zu schwach zum Fliegen.

Vorsichtig streckte Pandora ihre Hand aus. Das kleine Wesen landete auf ihrer Fingerspitze. Es schimmerte ein wenig. Pandora hielt ihre andere Hand über das kleine Wesen, ganz als wollte sie einen kleinen Funken vor dem Wind schützen. Das Wesen leuchtete heller.

„Ich bringe Hoffnung“, flüsterte es, so leise, dass Pandora es kaum hören konnte.

„Dann ist noch nicht alles verloren“, sagte Pandora und hielt das zarte Wesen schützend im Arm. „Dank dir werden die Menschen die Kraft haben, auf Besserung zu warten. Ich werde immer auf dich aufpassen. Das verspreche ich.“

Hoch oben vom Olymp aus blickten die Götter auf die Menschen herab. Zeus seufzte tief und fuhr sich mit der Hand übers Gesicht. War seine Rache zu hart gewesen?

Hera drückte die Hand ihres Gemahls. „Es ist gut so, wie es ist, mein Liebster. Das Leben der Menschen wird von nun an hart für sie sein. Doch sie haben Dinge zu tun und Ziele zu erreichen“, sagte sie. „Und es wird immer Hoffnung geben.“

Nüwa und die Säulen des Himmels

Eine Nacherzählung von Mythen aus China

Am Anfang war nichts. Dann entstand das Weltenei, und als es zerbrach, schlüpfte daraus das Urwesen Pangu. Pangu wuchs zu einem unvorstellbar großen Wesen heran. Er war so stark, dass er den Himmel und die Erde voneinander trennte. Aus seinem Körper entsprang alles, was wir kennen – sein rechtes Auge wurde der Mond, sein linkes Auge die Sonne, seine Muskeln wurden das Land, sein Blut die Flüsse, sein Haar die Wälder, sein Atem der Wind. Seine vier Gliedmaßen wurden die Säulen, die die Himmelsdecke tragen. Außerdem sprangen aus Pangus Haar alle Lebewesen dieser Erde.

Unter diesen waren Nüwa und ihr Bruder Fuxi. Beide hatten leuchtende Augen, kluge Hände und mutige Herzen. Anstelle von Beinen besaßen beide einen wunderschönen Drachenschwanz. Die Geschwister lebten in einem Palast auf dem Berg Kunlun. Sie waren dort ganz allein, nur die pfeifenden Winde und der weiße Schnee leisteten ihnen Gesellschaft. Mit der Zeit fühlte sich Nüwa jedoch immer einsamer.

Jeden Tag ging sie hinab ins Flachland. Heute beheimatet es Städte und Bauernhöfe, doch damals gab es noch keine Menschen. Nüwa fütterte die Rehe mit Nüssen und half den Kranichen, ihre Nester zu bauen. Trotzdem fühlte sie sich einsam.

Eines Tages wanderte Nüwa am Ufer des Gelben Flusses entlang, als sie auf einmal ihr eigenes Spiegelbild im Wasser entdeckte. Vor Freude und Aufregung sprang ihr beinahe das Herz aus der Brust. Wie wunderbar war es, ein anderes Gesicht zu sehen! Wenn es doch nur wirklich andere Geschöpfe wie sie gäbe, mit denen sie sprechen könnte.

Da hatte Nüwa eine Idee. Sie würde Menschen erschaffen, Wesen, die genau wie sie und Fuxi aussahen, dann wären sie niemals mehr allein.

Nüwa kniete sich in den Lehm des Flussufers. Gewissenhaft arbeitete sie viele Stunden lang. Immer wieder nahm sie eine Handvoll Lehm und rollte und knetete ihn in die Form eines Mannes oder einer Frau. Und obwohl sie ihren Drachenschwanz sehr mochte, beschloss Nüwa, den Menschen Beine zu geben. Behutsam und liebevoll hauchte sie jeder ihrer Lehmfiguren den Lebensatem ein.

Nüwa war überaus zufrieden mit dem, was sie geschaffen hatte. Von ihrem Palast auf dem Berg Kunlun aus konnte sie zuschauen, wie die Menschen Häuser bauten, Getreide säten und ihre Kinder großzogen. Und wann immer sie von Fuxis Gesellschaft gelangweilt war, versteckte sie ihren Drachenschweif unter ihrem Kleid und glitt hinab ins Flachland, wo man sie mit Schüsseln voller Nudeln und Tellern voller Früchte begrüßte.

Allerdings waren Nüwa und ihr Bruder Fuxi nicht die einzigen Wesen, die damals Pangus großem Körper entsprungen waren. Da war auch Gonggong, der Wassergott, der in den Flüssen und Ozeanen lebte. Wo immer sein schuppiger Schwanz den Boden streifte, sprudelte eine Quelle empor.

Außerdem war da Zhurong, der Feuergott, der auf seinem grimmigen Tiger über die Erde ritt. Wann immer es Zhurong gefiel, berührte er mit seiner brennenden Fackel Bäume und Gräser und ließ sie verdorren. Die beiden Götter Gonggong und Zhurong waren erbitterte Feinde. Jeder beanspruchte den Thron des Himmels für sich.

„Gegen mich bist du machtlos!“, schrie Gonggong, als er Zhurong in den Wolken begegnete. Und mit einem Schlag seines Schwanzes durchnässte Gonggong seinen Gegner.

„Ich werde dir zeigen, wer hier machtlos ist!“, brüllte Zhurong und schwenkte seine Fackel über einem Reisfeld, das Gonggong gerade bewässert hatte. Sofort welkten die Pflanzen und der Boden bekam tiefe Risse.

Das war zu viel für Gonggong. Er stürzte sich auf Zhurong, stieß ihn von seinem Tiger herunter und traf ihn mit einem Schwall eiskalten Wassers. Der Feuergott hustete erstickt, doch er war stark und rücksichtslos. Er sprang zurück auf den Rücken seines Tigers, stieß seine Fackel in Gonggongs Gesicht und versengte seine blauen Schuppen. Gonggong jaulte auf vor Schmerzen. Geblendet vom Feuer versuchte er, den scharfen Krallen von

Zhurongs Tiger auszuweichen. Um die kämpfenden Götter bildete sich eine Wolke aus kochend heißem Wasserdampf.

Auf einmal sah Gonggong eine Chance und setzte seine gefährlichste Waffe ein - seinen Schwanz. Er schlang ihn um Zhurong, enger und immer enger, bis der Feuergott wie ein Stein zu Boden fiel. Doch er riss den Wassergott mit sich hinunter, und beide Götter krachten auf die Erde.

Wasser schoss aus dem zerborstenen Boden und wurde zu einer reißenden Flutwelle, die die Felder überflutete. Panisch packten die Menschen ihre Kinder und flohen in Richtung Berge. Doch auf den Berghängen loderten wilde Flammen, denn Zhurongs Fackel hatte sie berührt. Es gab keinen sicheren Ort mehr für die Menschen.

„Stopp! Hört auf!", rief Nüwa und flog die Hänge des Bergs Kunlun hinab.

Aber die beiden Götter hörten nicht. Blind und taub vor Zorn rollten sie in einem Knäuel aus schlagenden Fäusten und peitschenden Schwänzen über die rauchende, brodelnde Erde. Doch keiner gewann die Oberhand. Sie kämpften so lange und so verbissen miteinander, bis sie in eine der vier Säulen krachten, die den Himmel trugen. Der Aufprall war lauter als alles, was man jemals zuvor oder danach gehört hatte.

Ein Riss spaltete die Säule von der einen Seite bis zur anderen. Erst rieselte etwas Staub heraus. Dann zerbarst die mächtige Himmelssäule in einer Lawine rollender Steine und krachte in sich zusammen. Vor Entsetzen riss Nüwa den Mund auf. Sie konnte nichts tun, außer zuzusehen, wie der Himmel, die Sonne, der Mond und alle Sterne gefährlich zur Seite rutschten. Ein großes Loch riss den Himmel mitten entzwei. Unter dem Gewicht der Last kippte das Land schwindelerregend in Richtung Südosten.

Verzweifelt versuchten Nüwas Menschen, den Fluten zu entkommen. Sie klammerten sich an die Äste der Bäume, kletterten rutschige Hügel empor und hielten einander an den Händen fest.

„Verschwindet!", schrie Nüwa den beiden benommenen Göttern zu. „Keiner von euch verdient es, auf dem Himmelsthron zu sitzen. Lernt, eure Macht für Gutes einzusetzen, nicht, mit ihr alles zu zerstören!"

Als sie das Chaos sahen, das sie angerichtet hatten, schlichen die Götter beschämt davon.

Nüwa war nach Weinen zumute. Doch die Menschen brauchten sie. Entschlossen krempelte sie die Ärmel hoch. Dann schöpfte sie das Flutwasser ab und ließ es als kühlende

Schauer auf die brennenden Wälder herabregnen. Sie hob die Asche der verbrannten Bäume auf und verteilte sie dort, wo das Wasser am tiefsten war.

Die Aschehügel sogen die Fluten auf. Nach und nach verließen die Menschen ihre Zufluchtsorte und kehrten nach Hause zurück.

Nüwa säuberte ihre Hände. Als Nächstes musste sie das Loch im Himmel schließen. Im flachen Wasser suchte sie nach fünf farbigen Steinen, einen für jedes der Elemente, aus denen das Universum bestand: Sie wählte einen schwarzen Stein für Wasser, einen

weißen Stein für Metall, einen gelben für Erde, einen blauen für Holz und einen roten für Feuer. Dann warf sie die fünf Steine in ihren Kessel, entfachte darunter ein Feuer und sah zu, wie die Steine zerschmolzen.

Mit ihrem Löffel verrührte sie die dicke, zähe Flüssigkeit. Konzentriert presste sie die Lippen zusammen, als sie einen tropfenden Löffel voll auf den Gipfel des Bergs Buzhou trug. Das Loch im Himmel war direkt über ihr. Vorsichtig und sorgfältig begann sie, den Riss im Himmel mit der Spezialmischung auszubessern, bis das Loch geflickt und der Himmel wieder so gut wie neu war.

Seither sind die Spuren von Nüwas Steinen am Himmel zu sehen. Tagsüber sehen wir sie blau und weiß, nachts in tiefstem Schwarz. Bei Sonnenaufgang und Sonnenuntergang können wir die Spuren von Nüwas roten und gelben Kieseln bewundern.

Doch die schwerste Aufgabe stand Nüwa noch bevor. Sie musste einen Weg finden, den Himmel wieder aufzurichten.

„Ao!", rief Nüwa so laut, dass ihre Stimme zwischen den Tälern und über die Ozeane schallte. Sie flog über die ganze Welt hin und zurück und rief immer wieder: „Ao, komm zu mir! Ao!"

Endlich hörte die riesige Schildkröte tief unten am Grund des Ozeans ihren Ruf. Ao schoss durch das Wasser an die Oberfläche.

Als Nüwa Aos Schnabel im Meeresschaum auftauchen sah, lachte sie erleichtert. „Danke, Ao. Ich brauche deine Hilfe. Deine Aufgabe ist schwer, doch ich weiß, dass du stark genug bist. Bitte komm mit mir."

Nüwa positionierte Ao so, dass die große Schildkröte mit jedem ihrer Füße auf einem hohen Berggipfel stand. Die Schildkröte atmete tief durch. Dann breitete Nüwa den Himmel über ihrem riesigen Panzer aus. Ao stemmte sich tapfer gegen das Gewicht – und tut es bis heute.

Nüwa leistet Ao oft Gesellschaft und streichelt seine rauen Wangen. Gemeinsam schauen die Göttin und die Schildkröte dann den Menschen zu, die unten im Flachland arbeiten und spielen. Sie sprechen auch über den Tag, an dem sie die Welt vor dem Untergang gerettet haben.

Und dennoch ist nicht alles, wie es vor dem Kampf zwischen Gonggong und Zhurong gewesen war. Der Erdboden neigt sich immer noch leicht gen Südosten. Wie du vielleicht weißt, ist das der Grund, weshalb alle großen Flüsse Chinas in diese Richtung fließen.

Hinas Reise zum Mond

Eine Nacherzählung von Mythen aus Polynesien

Auf einer Insel, weit im Westen Polynesiens, lebten vor langer Zeit zwei Himmelskinder. Der Name des Mädchens war Hina, ihr Bruder hieß Ru. Sie waren die Kinder des Himmelsgottes Atea und seiner Frau Hotu. Hina und Ru war es vorherbestimmt, alle Inseln Polynesiens zu entdecken.

Als Hina noch klein war, lief sie jeden Tag am Strand der Insel entlang und fragte sich, was wohl hinter den Wellen liegen mochte. Sie erzählte ihrem Bruder, dass sie, wenn sie groß genug sein würden, gemeinsam das Segel ihres Kanus setzen und die Welt entdecken würden. Und eines Morgens setzten sie ihre Pläne in die Tat um.

Hina und Ru beluden ihr Kanu, dem sie den Namen Te-apori gegeben hatten, mit Trinkwasser und Lebensmitteln. Sie hissten das Segel aus Pflanzenfasern und stießen sich vom Ufer ab. Hina saß hinten und hielt das große Paddel, um zu steuern. Ru nahm ein kleineres Paddel, mit dem er half, wenn der Wind nachließ.

Gekonnt segelten sie über die Wellen, viele Tage und Nächte lang, durch mildes und durch stürmisches Wetter. So kam Hina zu ihrem Namen Hina-fa'auru-va'a, das bedeutet „Hina, die Kanukapitänin".

Wann immer Hina neues Land am schimmernden Horizont entdeckte, rief sie ihrem Bruder zu: „Schau, Ru! Land in Sicht! Welche Insel ist das?"

Ru rief dann einen Namen und Hina klatschte begeistert in die Hände. „Perfekt!" So bekamen die Inseln Tahiti und Mo'orea, Huahaine und Taha'a, Kaukura und Niau ihre Namen. Sie benannten jede Insel, jede Bucht und jedes Kap.

Als sie die Insel Ra'iata erreichten, zogen Hina und Ru ihr Kanu an Land. Sie legten sich in den Sand und wärmten ihre schmerzenden Glieder in der Sonne.

„Lass uns morgen nach Nordwesten fahren", sagte Ru. „Ich denke, da sind noch mehr Inseln."

„Hm", murrte Hina und ließ Sand durch ihre Finger rieseln. „Noch mehr Inseln. Ich würde zur Abwechslung gern mal etwas anderes entdecken."

„Was denn?", fragte Ru. „Was gibt es denn sonst zu entdecken?"

Ärgerlich setzte Hina sich auf. „Alles!" Sie zeigte auf den Sand, auf das Meer und den Himmel. „Die Sonne zum Beispiel!"

„Du kannst nicht zur Sonne reisen, Hina", sagte Ru und lachte.

„Kann ich nicht?", entgegnete Hina empört. „Wart nur ab! Gleich morgen werde ich es tun!"

Die ganze Nacht lag Hina wach und lauschte dem Schnarchen ihres Bruders. In ihrem Wutanfall hatte sie geschworen, etwas wirklich Unmögliches zu tun. Natürlich gab es keinen Weg, um zur Sonne zu reisen. Sie würde einen Rückzieher machen und zugeben müssen, dass Ru recht hatte. Und das würde er sie niemals vergessen lassen.

Als die Sonne endlich am Horizont aufging, fielen Regentropfen auf Hinas Gesicht. Sie öffnete ihren Mund und trank. Neben ihr regte sich Ru.

Die Sonne stieg höher und schien kräftig gegen den Regen an. Hina sah, wie ein großer Regenbogen entstand, der das Land mit dem Himmel verband. Ein leuchtend bunter Weg zur Sonne!

„Ru, ich weiß, wie ich es schaffe!"

„Was?", murmelte Ru schlaftrunken, als Hina ihn rüttelte.

„Ich werde über den Regenbogen zur Sonne laufen! Schnell, bevor er wieder verschwindet!"

Sie rannte über den Strand zu der Stelle, wo der Regenbogen in die schäumenden Wellen eintauchte. Ohne noch einmal nachzudenken, kletterte Hina auf den Regenbogen.

„Nicht, Hina! Das ist viel zu gefährlich!", schrie Ru.

Der Regenbogen schwankte ein wenig unter Hinas bloßen Füßen, doch er trug ihr Gewicht. Schnell rannte Hina den leuchtenden Weg hinauf, höher und höher. Aufgescheuchte Seevögel flatterten um sie herum. Weit unter ihr hörte sie die ängstlichen Rufe ihres Bruders, während er immer kleiner wurde.

Mit jedem Schritt wurde es heißer. Die Sonne brannte auf Hinas Haut. Sie hob eine Hand, um ihr Gesicht zu schützen. Der Schweiß rann ihr über das Gesicht und tropfte in ihre schmerzenden Augen.

Hina blickte hinab. Die Insel war nur noch ein winziger Fleck im weiten Meer. Sie spürte, wie sie schwankte. Schnell streckte sie die Arme aus, um das Gleichgewicht wieder zu finden. Dann blickte sie nach vorn, zur strahlenden Sonne. Doch sie war so gleißend hell, dass Hina die Augen zukneifen musste. Selbst mit geschlossenen Lidern sah sie den grellen Schein der Sonne. Verzweifelt begann Hina zu weinen.

Ru hatte recht gehabt. Dieses Abenteuer war zu gefährlich. Sie kehrte um und rannte, rannte den Regenbogen hinab, so schnell sie konnte, und Ru wurde größer und immer größer. Schließlich sprang Hina in den Sand und ihrem Bruder direkt in die Arme.

„Ich war so dumm. Ich habe versagt“, sagte sie schluchzend.

„Es ist nicht dumm, etwas auszuprobieren und daran zu scheitern. Auf diese Weise lernen wir, wo unsere Grenzen sind“, sagte Ru sanft.

Trotzdem wollte Hina etwas Neues sehen und irgendwohin reisen, wo noch niemand vor ihr gewesen war. Wohin niemand sich auch nur im Traum wagen würde. Als in dieser Nacht der Mond über den dunklen Horizont des Meeres lugte, hatte Hina eine Idee.

„Ru, bitte leih mir das Kanu. Nur für ein Weilchen“, sagte sie atemlos.

„Warte mal, Hina“, murmelte Ru müde.

Doch das tat Hina nicht. Ohne zu zögern, sprang sie in das Kanu Te-apori und hisste das Segel. Sie musste schnell sein, bevor der Mond über den Horizont gestiegen war. Im letzten Augenblick stieß das Kanu an den staubigen Rand des Mondes und Hina hüpfte heraus. Und so wurde Hina zu Hina-i-aa-i-te-marama, das bedeutet „Hina, die den Mond betrat“.

Sie gab dem Kanu einen Stoß. „Fahre zurück zu Ru, Te-apori“, befahl sie. „Und sag ihm, dass ich ihn liebhabe“, fügte sie hinzu, während ihr ganz eng ums Herz wurde. Sie würde nun zum allerersten Mal in ihrem Leben ganz allein sein.

Hina suchte sich eine Beschäftigung. Schnell hatte sie herausgefunden, dass die dunklen Schatten auf dem Mond, die man von der Erde aus sehen kann, eigentlich die Zweige von Brotfruchtbäumen waren. Hina wollte versuchen, aus ihrer Rinde Stoff herzustellen.

Sie schälte die Rinde von einigen der Baumstämme herunter. Hina untersuchte die Rinde und beschloss, die äußere zu entfernen, weil sie zu starr war, um daraus Stoff

zu machen. Den inneren Rindenbast hingegen weichte sie in Wasser ein und säuberte ihn anschließend. Dann schlug sie den Rindenbast mit einem hölzernen Schlegel so lange auf einem flachen Stein, bis der Bast dünn und breit war und seine Fasern zu einem stabilen Stück Stoff verfilzt waren. Hina beschloss, den Stoff Tapa zu nennen.

Während sie ihren Tapa-Stoff klopfte, sang sie im Rhythmus der Schläge ein Lied, das von den Abenteuern mit Ru erzählte. „Schau, Ru! Da ist Land in Sicht. Welche Insel das wohl ist?", sang sie.

Schließlich trocknete und bemalte Hina ihren Tapa mit Zickzackmustern, sich kräuselnden Wellen, Fischen und Vögeln.

Bald schon fragten alle Göttinnen und Götter, die über die Erde wachten und von Zeit zu Zeit den Mond besuchten, Hina nach ihrem wundervollen Tapa-Stoff, um Gewänder daraus zu fertigen und zu tragen. Und so kam Hina zu ihrem Namen Hina-tutu-ha'a, das bedeutet „Hina, die Stoffklopferin".

Während Hina auf dem Mond arbeitete, beobachtete sie, wie ihr geliebter Bruder wieder die Segel setzte und Richtung Westen segelte. Dort entdeckte er all die großartigen Inseln, von denen er immer geträumt hatte. Hina rief ihm ihre Glückwünsche zu. Doch Ru, ruhelos wie er war, brach bald schon wieder zu neuen Ufern auf.

Einige Zeit später folgten Männer, Frauen und Kinder in ihren Kanus Hinas und Rus Route über das Meer. Als diese mutigen Menschen sich jedoch auf dem weiten Ozean verirrten und nicht mehr wussten, wo sie waren, wies ihnen Hina den Weg. Bis heute singen die Menschen Polynesiens Lobgesänge auf Hina-nui-te-araara, „Hina, die Wächterin", die ihnen eine sichere Bucht wies, als die Wellen stürmisch und hoch waren.

Hina beschloss, die Kunst der Tapa-Herstellung mit den Menschen zu teilen. Doch auf den Inseln Polynesiens wuchsen noch keine Brotfruchtbäume. Hina hatte eine Idee. In den Zweigen von Hinas Baum lebte eine dicke, grüne Taube, die dort von den Früchten naschte und vor sich hin gurrte.

Hina rief die Taube zu sich. Sie gab ihr eine Handvoll Samen und sagte: „Kleine Taube, bitte trage diese Samen hinab auf jede Insel von Tahiti bis Niau, damit die Menschen Bäume pflanzen, aus deren Rinde sie Tapa herstellen und in deren Schatten sie sich ausruhen können."

Die Taube flatterte über den funkelnden Ozean. Die Samen hielt sie fest in ihrem gelben Schnabel. Gerade als sie den ersten Samen fallen lassen wollte, schoss ein Fregattvogel heran und schnappte mit seinem langen Schnabel danach. Denn Fregattvögel stehlen öfters Beute von anderen Vögeln, weshalb man sie auch „Piraten der Lüfte" nennt.

Der Fregattvogel wollte der Taube die kostbare Fracht abluchsen. Er zog und zerrte an den Samen. Entschlossen schlug die kleine Taube so fest sie konnte mit ihren grünen Flügeln. Im wilden Hin und Her entglitten ihr die Samen plötzlich und verteilten sich in alle vier Himmelsrichtungen. Sie fielen, wirbelnd und zwirbelnd, auf die Inseln hinab.

Dort wurden die Samen von den Ästen der Inselbäume aufgefangen. In der fruchtbaren Erde wuchsen sie geschützt und ungestört zu Bäumen heran. Über die Jahrhunderte wurden es so viele und so große, dass man nicht mehr sagen konnte, welche von ihnen zu Hinas ersten zählten. Und unter den Baumkronen sprachen und sangen die Menschen von Polynesien und schlugen dabei ihren Tapa-Stoff.

Tanis und der Wendigo

Eine Nacherzählung von Mythen der Ojibwe

Vor langer Zeit lebte auf dem Kontinent, den wir heute Nordamerika nennen, ein Mädchen namens Tanis. Eines Wintertages stapfte Tanis durch den frischen Schnee. Sie blickte zurück, um die perfekte Spur ihrer Fußstapfen zu bewundern. Dazwischen schlängelten sich die Pfotenabdrücke ihrer beiden Hunde Zaagi und Mino.

„Guter Junge, Zaagi", sagte Tanis und streichelte ihm über den Kopf. Er schnupperte an ihrer Hand und wärmte ihre kalten Finger mit seinem feuchten Atem.

Nun sprang Mino an ihr hoch und hinterließ nasse Abdrücke auf ihrem Kleid. Er schnüffelte eindringlich an Tanis' Tasche. „Möchtest du etwa jetzt schon essen? Ich bin auch hungrig ... Aber Großmutter hat uns gebeten, Sumachbeeren zu sammeln. Das müssen wir erst erledigen, bevor es Essen gibt", sagte sie streng und strich Mino über das weiche Fell.

Da entdeckte sie einen Sumachstrauch mit Früchten. Die flammend roten Beeren wirkten wie das einzig Lebendige im Wald. Wenn die Winter lang und kalt waren, halfen sie, den Hunger zu stillen. Außerdem konnte Tanis' Großmutter aus den Sumachblättern Tee gegen Erkältungen und aus den Wurzeln und Zweigen eine Salbe für Wunden herstellen.

Tanis zupfte Beeren vom Strauch und steckte sie zusammen mit einigen Zweigen behutsam in ihre Tasche. Ihr Magen knurrte vor Hunger. Doch Großmutter verließ sich darauf, dass sie eine gefüllte Tasche mitbrachte.

Auf einmal hörte sie ein Flattern und sah rote Federn im Gebüsch aufblitzen. Es war ein Opichi, eine Wanderdrossel. Er war klein und allein und sein Federkleid sah ganz zerzaust aus.

„Du bist aber spät dran, kleiner Opichi. Du hättest schon längst in den Süden fliegen müssen", schalt Tanis ihn sanft. Der kleine Vogel starrte auf die Beeren in ihrer Hand. Tanis sah, wie hungrig er war. Hunger kannte sie gut. Ihr Magen zog sich wieder schmerzhaft zusammen.

„Brauchst du ein paar Beeren, Opichi?" Sie hielt ihm eine Handvoll entgegen. Der Vogel hüpfte heran und pickte eine Beere, dann noch eine und noch eine.

Mino stupste sie mit der Pfote. „Na gut, wir essen alle gemeinsam", sagte Tanis lachend. Sie setzte sich auf einen Baumstumpf und zog ein Stückchen Fladenbrot aus Wildreis hervor. Das war alles, was sie hatte.

Der vergangene Sommer war der schlimmste gewesen, den sie je erlebt hatten. Der Regen hatte die essbaren Pflanzen ertränkt. Die Fische waren aus den Netzen gespült worden. Das Wild hatte sich tief in die Wälder zurückgezogen. Alle im Dorf waren hungrig, ihre Gesichter waren hohl und die Rippen stachen hervor.

Tanis teilte den Fladen in drei Stücke. Eins war kleiner als die beiden anderen. Mino und Zaagi beobachteten sie genau. Sie gab ihren Hunden die beiden größeren Stücke und aß dann das kleinste mit zwei Bissen.

Plötzlich stieß der Opichi ein alarmiertes Zwitschern aus. Mino sprang auf, sein Fell sträubte sich.

„Was ist los?", fragte Tanis erschrocken. „Stimmt etwas nicht?"

Und dann roch sie es – einen Gestank wie von altem Fisch und verwesendem Fleisch. Tanis schluckte.

Der Opichi flog hektisch davon. Mino bellte laut und sprang ängstlich hin und her. Ein eiskalter Wind blies ihr ins Gesicht und die Kälte ging ihr durch Mark und Bein. Zaagi schnappt nach ihrem Rock und zog sie daran auf die Füße.

Irgendetwas näherte sich. Es kam durch den Wald, immer näher, und Zweige krachten unter seinen Schritten. Der Gestank wurde stärker.

„Lauft!", schrie Tanis und rannte so schnell sie konnte ihren Hunden hinterher. Mit klopfendem Herzen eilte sie durch den Wald, bis sie endlich das Dorf erreichte. Tanis entdeckte einige Leute zwischen den Wigwams.

„Da kommt etwas!", brüllte sie. „Ein riesengroßes, stinkendes Monster!"

Alle drehten sich zu ihr um. Ihre Gesichter waren weiß vor Angst.

„Der Wendigo!", kreischte Binesi, einer der Jäger. „Er ist erschienen!" Er schlug die Hände vor die Augen. „Er wird uns mit seinen scharfen Klauen fangen!"

Tanis hatte schon vom Wendigo gehört. Ihre Großmutter hatte ihr Geschichten davon erzählt, wie der Wendigo in Zeiten des Hungers in die Dörfer kam. Das Wesen war selbst furchtbar hungrig. Doch je mehr es aß, desto hungriger wurde es. Und nichts konnte seinen Hunger stillen. Kein Wild, kein Fisch, kein Jäger, rein gar nichts ...

„Was ... was können wir tun?", keuchte Tanis.

„Es gibt nichts, das wir tun können", jammerte Okwi. „Wenn der Wendigo kommt, ist alles verloren. Wir müssen fliehen. Am besten trennen wir uns und laufen in verschiedene Richtungen."

„Nein, nein!", rief Tanis verzweifelt. „Großmutter wird wissen, was zu tun ist." Sie rannte zum Wigwam ihrer Großmutter, der am Rand des Dorfes unter Kiefern stand.

„Großmutter!", rief sie und kroch ins warme Halbdunkel des Wigwams.

Ihre Großmutter kniete auf den Fellen am Boden und bearbeitete mit dem Messer einen Sumachzweig.

„Er ist also gekommen", sagte die alte Frau. „Ich wusste, dass er kommen würde. Ich hörte, dass sie im Nachbardorf auf der anderen Seite des Sees so hungrig sind, dass einer der Jäger von seinen Freunden gestohlen hat. Mitig, so heißt er." Sie spuckte ins Feuer. „Wenn sich im Winter einer gegen den anderen wendet und ein jeder nur an sich selbst denkt, dann kommt der Wendigo."

„Es muss etwas geben, das wir tun können“, sagte Tanis verzweifelt. Tränen brannten in ihren Augen.

Großmutter blickte auf. Jahre voller Arbeit und Sorgen hatten tiefe Spuren in ihr Gesicht gezeichnet.

„Der Wendigo ist stärker als jeder Jäger und hungriger als jeder Wolf. In seinem eiskalten Herzen ist kein Mitleid und seine schroffen Klauen kennen keine Gnade. Willst du gegen solch ein Wesen kämpfen?“

Tanis schluckte. „Ja ... ich ... ja, wenn ich so das Dorf retten kann.“

Ihre Großmutter nickte. Ihre Augen blitzten. Dann gab sie ihrer Enkelin zwei Sumachzweige, deren Rinde sie abgeschält hatte. Sie waren so lang wie die Arme des Mädchens. „Nimm diese Stöcke, mein Kind. Geh und kämpfe gegen den Wendigo.“

„Mit Sumachstöcken?“, keuchte Tanis.

„Vergiss nicht, dass auch kleine Dinge in den richtigen Händen mächtig sein können“, antwortete ihre Großmutter.

Ohne zurückzublicken, machte Tanis sich auf, die Fäuste fest um die Stöcke geballt. Zaagi und Mino trotteten dicht an ihrer Seite. Die Dorfbewohner sahen ihnen nach.

Tanis und ihre Hunde betraten den Wald. Der Geruch nach Verwesung wurde mit jedem Schritt stärker. Es wurde kälter und kälter. Frost bedeckte die Äste und ließ den Schnee unter Tanis' Füßen knirschen. Vor Angst pochte ihr das Herz in der Brust.

Zaagi winselte. Etwas bewegte sich in der Dunkelheit, und Tanis schrie auf vor Angst. Der Wendigo kroch aus seinem Versteck hervor, riesengroß und übel riechend. Noch nie hatte Tanis etwas Ähnliches gesehen.

Das Wesen duckte sich wie eine Spinne, seine langen Gliedmaßen waren angespannt, zum Sprung bereit. Seine Haut war so dunkel wie eine sternenlose Nacht und zugleich hell wie die Lichter, die manchmal über den Himmel tanzten. Kräftige Muskeln zogen sich über seinen Körper, doch sein Kopf war nicht mehr als ein glatter Schädel mit langen Hörnern, die sich wie Zweige wanden.

Das Mädchen zitterte in der tödlichen Kälte, die von dem Monster ausging.

Plötzlich sprang ein riesiger Hund mit zotteligem Fell aus der Finsternis hervor. Er bleckte die Zähne und knurrte bedrohlich. Das Tier war viermal größer als Mino und Zaagi. Tanis begriff: Wie jeder Jäger hatte auch der Wendigo einen Hund, der ihm bei der Jagd half.

Mino und Zaagi drückten sich eng an Tanis. Sie spürte, wie die beiden vor Kälte und Angst zitterten. Doch dann stürzten sie sich mit mutigem Gebell auf den bösen Teufelshund. Überrascht machte dieser einen Satz nach hinten, stolperte und preschte dann durchs Unterholz davon, Mino und Zaagi ihm dicht auf den Fersen.

Tanis war nun allein mit dem Wendigo. Die finstere Kreatur ragte über ihr auf, hoch wie ein Baum und breit wie ein reißender Fluss. Seine Kiefer öffneten sich und spitze Zähne blitzten. Er wartete auf den richtigen Augenblick, um zuzuschlagen.

Mit bebenden Armen hob Tanis ihre Stöcke. Der Wendigo starrte sie aus leeren Augenhöhlen an. Was sollte sie nun mit ihren beiden Stöcken tun? Wenn sie versuchte, das Wesen damit zu treffen, würde es sie wegwischen wie eine lästige Fliege. Am liebsten wäre sie davongelaufen, nach Hause in den warmen Wigwam. Stattdessen umfasste sie die Stöcke noch fester. In diesem Moment stürzte der Wendigo vorwärts und riss sein Maul weit auf.

Aus dem Augenwinkel sah Tanis einen Blitz aus roten Federn. Der kleine Opichi schoss zwischen sie und den Wendigo. Der Wendigo wandte den Kopf. Tanis nutzte die Gelegenheit und schleuderte ihre Stöcke auf ihn, so kraftvoll sie konnte.

Während die Sumachstöcke ihrer Großmutter durch die Luft flogen, verwandelten sie sich auf einmal in glänzendes Kupfer. Die Metallstäbe trafen den Wendigo mit einem lauten Klirren – und der Wendigo zerbrach. Sein verdorrtes Fleisch zersprang in tausend Eissplitter.

Und dort, wo der Wendigo gewesen war, hockte nun ein Mann. Er stöhnte, als würde er aus tiefem Schlaf aufschrecken.

„Das ist Mitig", rief da eine aufgebrachte Stimme. „Der Jäger aus dem Nachbardorf! Der, der seine Freunde bestohlen hat!"

Die Dorfbewohner traten aus dem Schatten des Waldes hervor. Jemand legte einen Arm um Tanis. Ein anderer klopfte ihr auf die Schulter. Ihr Herz schlug noch immer rasend schnell.

Mitig schaute verwirrt um sich. „Ich habe solchen Hunger", murmelte er.

„Der Wendigo ist eine Warnung für uns alle", sagte Großmutter und bahnte sich einen Weg durch die Menge. „Er kommt, wenn wir der Selbstsucht in unseren Herzen einen Platz geben. Und nur ein wahrhaft gütiges Herz kann ihn zerstören." Sie nahm Mitig am Kragen und zog ihn auf die Füße. „Die Ältesten deines Dorfes werden über dich richten."

Die anderen Dorfbewohner murmelten zustimmend.

In diesem Moment kamen Zaagie und Mino aus dem Unterholz hervor und wedelten mit den Schwänzen. Tanis atmete erleichtert auf, kniete nieder und umarmte die beiden fest. Die Hunde leckten ihr mit ihren warmen Zungen übers Gesicht. Ihre Großmutter legte Tanis eine Hand aufs müde Haupt. „Weil du dem Opichi geholfen hast, hat er dir ebenfalls geholfen. Wahrhaft gütige Herzen erkennen einander, mein Kind."

Auf einem Sumachzweig zwitscherte der Opichi zustimmend.

Oochigeas und der Unsichtbare

Eine Nacherzählung von Mythen der Mi'kmaq

Im Osten Nordamerikas, in einer Gegend, in der das Volk der Mi'kmaq schon seit Generationen heimisch ist, lag ein Dorf am Ufer eines großen Sees. Hier lebte ein Vater mit seinen drei Töchtern in einem Wigwam aus Ahorngestänge und Birkenrinde.

Die beiden älteren Töchter hießen Luntook und Kobet. Sie waren groß und schön und hatten langes, glänzendes Haar. Ihre Kleider waren aus feinstem Leder genäht.

Die jüngste Tochter war klein und kränklich. Ihre Mutter war nur wenige Tage nach ihrer Geburt gestorben. Als Baby war sie, während ihr Vater auf der Jagd war und ihre großen Schwestern spielten, auf die heißen Steine beim Feuer gerollt und hatte sich das Gesicht verbrannt. Alle im Dorf nannten sie seither Oochigeas, das bedeutet „Mädchen mit der verbrannten Haut".

Oochigeas' Schwestern wurden es niemals leid, sie wegen ihrer Brandnarben aufzuziehen. Sie zogen so oft an Oochigeas' Haaren, dass sie ihr vom Kopf abstanden wie die Federn eines Vogelkükens. Die Schwestern gaben Oochigeas nur die härtesten, schmutzigsten Arbeiten: Sie musste die Asche aus der Herdstelle kehren und die Fische zum Trocknen in der Sonne aufhängen. Oochigeas' Kleider waren zerrissen und fleckig.

Jede Nacht weinte sich Oochigeas im Schutz der Dunkelheit in den Schlaf. Sie wusste, dass die Menschen andere oft nur ärgerten, um sich selbst besser zu fühlen. Ihre Schwestern waren zwar wunderschön, doch Oochigeas wusste, dass die einzigen Makel, um die sich die beiden eigentlich kümmern sollten, jene waren, die in ihrem Inneren steckten. Ihre Herzen waren voller Neid und Missgunst.

So sprach sich Oochigeas selbst Mut zu, um ihre Gemeinheiten tapfer zu ertragen. Und doch kamen ihr immer wieder die Tränen. Sie biss sich auf die Lippe, damit ihre Schluchzer niemanden weckten.

Eines Morgens, als Oochigeas die Mokassins ihres Vaters reparierte, hörte sie Luntook und Kobet aufgeregt miteinander sprechen. Sie unterhielten sich über eine Schwester und ihren Bruder, die in der Nähe des Dorfes ihr Lager aufgeschlagen hatten. Vom Bruder hieß es, er sei ein großartiger Jäger und der stärkste, tapferste und schönste Mann, den man sich nur vorstellen konnte. Doch das Außergewöhnlichste an ihm war wohl, dass er unsichtbar war.

Die Schwester des Unsichtbaren hatte verkündet, dass er die Frau, die ihn sehen könnte, heiraten würde. Oochigeas war sich nicht sicher, ob sie überhaupt jemals heiraten wollte. Doch der Gedanke, dass jemand sich unsichtbar machen konnte, faszinierte sie. Und auch die Schwester des Unsichtbaren musste eine sehr interessante Frau sein.

„Ich habe gehört", lästerte Luntook, „dass Kitpu, Sisip und Tia'm gestern Abend ans Seeufer gelaufen sind, als der Unsichtbare von der Jagd zurückkam. Sie haben vorgegeben, ihn sehen zu können. Doch die Schwester hat ihnen kein Wort geglaubt und sie in Schimpf und Schande nach Hause geschickt."

„Sisip ist doch unglaublich", sagte Kobet und verzog das Gesicht. „Sie denkt, sie ist so hübsch, dabei ist sie gar nichts Besonderes. Warum sollte sich der Unsichtbare ausgerechnet ihr zeigen? Gewiss wird er wollen, dass ihn nur eine wahre Schönheit sehen kann." Sie fuhr sich mit den Fingern durch das glänzende Haar.

„Wir sollten es versuchen!", rief Luntook atemlos. „Wir sind hübscher als sie alle zusammen. Lass uns heute Abend zum See gehen. Alle werden so neidisch sein, wenn er uns erscheint und ihnen nicht!"

„Darf ich mitkommen?", fragte Oochigeas.

„Wo denkst du hin, so hässlich wie du bist?", fauchte Kobet. „Wie solltest du jemals den Unsichtbaren sehen?"

„Nein, nein, das meinte ich auch nicht ..." Oochigeas verstummte, denn die Schwestern lachten laut.

Als an diesem Abend die Sonne allmählich im See versank, eilten Luntook und Kobet ans Ufer hinab. Sie hatten ihre feinsten Kleider angelegt und trugen Schmuck aus Muscheln und Perlen.

Am Ufer wartete bereits die Schwester des Unsichtbaren auf ihren Bruder. Freundlich begrüßte sie die beiden Schwestern. „Da kommt mein Bruder“, sagte sie. „Könnt ihr ihn sehen?“

Kobet runzelte die Stirn. Sie blickte über den See, doch dort war nichts als die leicht gekräuselte Oberfläche, auf der sich Bäume und Vögel spiegelten. Sie blickte zu ihrer Schwester. Luntook zuckte die Schultern.

Kobet war sich sicher, dass sie die perfekte Frau für den Unsichtbaren war, ganz anders als die anderen langweiligen Mädchen des Dorfes. Und sie würde sich von dem Umstand, dass sie ihn nicht wahrnehmen konnte, nicht aufhalten lassen. „Ich kann ihn sehen!", log sie. „Er ist so hübsch!"

Luntook betrachtete ihre Schwester mit zusammengekniffenen Augen. „Ich sehe ihn auch!", rief sie und deutete irgendwo in die Luft über dem rutschigen Ufer.

Die Schwester des Unsichtbaren nickte. „Woraus besteht seine Bogensehne?", fragte sie.

Luntook wusste, dass sie, wie bei allen Bogen, aus einer langen Sehne eines Tiers gemacht sein musste. „Natürlich aus einer Hirschsehne", antwortete sie.

Die Schwester des Unsichtbaren nickte. „Woraus besteht sein Umhang?", fragte sie.

„Aus feinstem Elchleder", antwortete Kobet rasch.

Die Schwester des Unsichtbaren seufzte. „Ihr könnt meinen Bruder nicht sehen. Doch ich wünsche euch das Beste. Gute Nacht."

Voller Wut und Scham stolperten Luntook und Kobet zurück zu ihrem Wigwam. Oochigeas lauschte ihren bitteren Klagen, als sie ihnen das Essen brachte. Beim Abwaschen fragte sie sich, ob sie nicht vielleicht doch versuchen sollte, den Unsichtbaren zu sehen. Sie nahm natürlich an, dass sie ihn nicht würde sehen können. Aber sie wollte ihr Glück versuchen, genau wie alle anderen Mädchen des Dorfes. Auch wenn es allen anderen egal war, wollte sie sich selbst beweisen, dass sie mehr wert war als Asche und Fischgräten.

In der Dämmerung des nächsten Abends entschloss sich Oochigeas loszulaufen. Sie blickte auf ihre bloßen, schmutzigen Füße und zupfte an ihrem zerrissenen Kleid. Mit den Fingern fuhr sie sich durch ihr ungekämmtes Haar und berührte ihr Gesicht. Kein Zauber der Welt würde ändern können, wie sie aussah. Sie war, wie sie war.

So stolz wie nur irgend möglich lief Oochigeas an ihren Schwestern vorbei.

„Wo willst du denn hin?", schnarrte Kobet.

„Zum See", murmelte Oochigeas.

„Ha!", kreischte Luntook. „Die kleine Idiotin glaubt wirklich, dass sie den Unsichtbaren sehen wird. Mit einem so hässlichen Gesicht!"

Oochigeas' Schwestern jagten ihr nach. Sie hielten sich die Bäuche vor Lachen. „Hey, Sisip!", johlten sie. „Oochigeas denkt, sie kann den Unsichtbaren sehen."

Sisip lachte. Oochigeas gab sich alle Mühe, das Gelächter zu überhören und mit erhobenem Kopf an den Dorfbewohnern vorbeizugehen, die neugierig aus ihren Wigwams kamen.

Als sie am Seeufer ankam, konnte sie vor lauter Tränen kaum die Schwester des Unsichtbaren erkennen. Freundlich trat diese auf Oochigeas zu und sagte: „Da kommt mein Bruder. Kannst du ihn sehen?“

Oochigeas wischte sich die Tränen aus den Augen. Sie war zu schüchtern, um zu sprechen, doch es gelang ihr, die Schwester des Unsichtbaren anzulächeln.

„Schau“, sagte die Schwester. „Kannst du ihn sehen?“

Oochigeas blickte zum See. Dort zog ein Jäger sein Kanu ans Ufer. Er hob eine Hand und winkte ihr zu. Oochigeas schluckte. Seinen Bogen in der Hand, kam er auf sie zu. Er war wirklich sehr schön.

„Woraus besteht seine Bogensehne?“, fragte die Schwester des Unsichtbaren.

„Oh“, staunte Oochigeas, als sie das bunte Funkeln erkannte. „Es ist ein Regenbogen!“

„Woraus besteht sein Umhang?“, fragte die Schwester des Unsichtbaren.

Der Umhang des Jägers flatterte um seine Schultern und das Licht von Milliarden funkelnder Sterne glitzerte in den mitternachtsblauen Falten. Oochigeas schlug eine Hand vor den Mund. „Es ist die Milchstraße, der Weg der Geister“, hauchte sie.

Da schlang die Schwester des Unsichtbaren die Arme um Oochigeas. „Nur ein Mädchen mit einem durch und durch schönen Herzen kann meinen Bruder sehen“, sagte sie.

Der Unsichtbare kam lächelnd auf Oochigeas zu. „Ich bin so froh, dich zu treffen.“ Seine Augen waren hell und freundlich.

„Bitte komm mit zu uns nach Hause“, sagte die Schwester des Unsichtbaren und nahm Oochigeas' Hand. „Das Essen wartet auf uns.“

Bevor Oochigeas wusste, wie ihr geschah, saß sie am Feuer und aß warmen Eintopf. Während des Essens fragten der Unsichtbare und seine Schwester Oochigeas über ihr Leben aus und lauschten aufmerksam ihren Antworten.

Als der Unsichtbare vor das Zelt trat, um Feuerholz zu hacken, überredete seine Schwester Oochigeas, ein hübsches Kleid aus weichem Elchleder anzunehmen. Sie kämmte Oochigeas' Haar und entwirrte geduldig die Knoten darin. Sie heilte Oochigeas' zerschundene Füße und steckte sie in herrlich bestickte Mokassins. Dann küsste sie Oochigeas verbrannte Wange.

„Bitte komm mit uns. Lebe mit uns“, sagte sie. „Du und ich, wir könnten Schwestern sein. Ich habe mir schon immer eine Schwester gewünscht. Mehr als alles andere auf der Welt. Und du bist noch viel liebenswerter, als ich es mir erhofft hatte. Und du musst auch nicht heiraten, weder meinen Bruder noch sonst wen. Außer natürlich, du möchtest es, wenn du alt genug bist und für dich selbst entscheiden kannst.“

Oochigeas' Herz hüpfte vor Freude. „Ja“, sagte sie, „ich möchte gern mit euch zusammenleben.“

Und genau das tat sie auch.

Der Streit der Schwestern Pele und Nāmaka

Eine Nacherzählung von Mythen aus Hawaii

Vor langer Zeit, kurz nachdem die Götter die Inseln Hawaiis erschaffen hatten, bekamen die weise Göttin Haumea und ihr Gemahl Kanaloa zwei Töchter. Die erste war Nāmaka und kurz darauf kam Pele. Die Familie lebte auf der Insel Tahiti mitten im blauen Ozean, viele Tagesreisen entfernt von Hawaii.

Beide Kinder hatten besondere Talente: Wenn Nāmaka weinte, tränkten ihre Tränen ihr Gewand, fluteten die Hütte und flossen in einem breiten Strom in den Ozean. Wenn Pele lachte, versprühte sie einen Schauer aus Feuerfunken, und wenn sie in die Hände klatschte, tanzten Flammen um ihre Finger.

Als Pele älter wurde, zeigte es sich, dass sie liebevoll und klug, aber auch jähzornig und nachtragend war. Alle fühlten sich zur Schönheit und ruhigeren Natur von Nāmaka hingezogen. Doch wenn diese wütend wurde, wuchs ihr Gebrüll zu heulenden Stürmen an, die hohe Wellen im Ozean aufwarfen. Und Nāmaka war oft wütend, meistens auf Pele.

Haumea wusste, dass Pele und Nāmaka besonders waren – die Göttin des Feuers und die Göttin des Ozeans. Sie war stolz auf die beiden. Doch sie fürchtete sich auch vor dem, was ihre stürmischen, leidenschaftlichen Töchter alles anrichten könnten.

Eines Tages saßen Pele und Nāmaka am Strand. Ausnahmsweise ließ Nāmaka es zu, dass Pele ihr schimmerndes Haar zu Zöpfen flocht. Nāmaka sang leise ein Lied über die Vögel und die Wellen. Peles Herz war ruhig. In Momenten wie diesen liebte sie ihre

Schwester über alles und wusste, dass auch sie sie liebte. Plötzlich richtete sich Nāmaka auf und ihr Haar glitt aus Peles Händen.

„Wer ist das?", staunte Nāmaka und sprang so schnell auf, dass Sand aufspritzte und auf Peles Kleid landete.

Ein Junge lief am Strand entlang auf sie zu. Er war groß und ziemlich hübsch, fand Pele. Nāmaka eilte auf ihn zu und begrüßte den Neuankömmling. Pele starrte ihr allein gelassen nach.

Der Junge hieß Aukelenuiaiku. Er und Nāmaka freundeten sich schnell an, und bald schon verbrachte Nāmaka mehr Zeit mit ihm als mit Pele. Sie liebte es, ihn zum Lachen zu bringen, indem sie Wolken über den Himmel jagen ließ. Peles Herz brannte vor Eifersucht. Aber noch schlimmer war, dass Nāmaka keine Zeit mehr für sie hatte. Funken flogen, wann immer Pele verärgert den Kopf schüttelte oder mit den Füßen aufstampfte. Haumea beobachtete das Treiben und seufzte.

Eines Abends, als Nāmaka und Aukelenuiaiku am Strand spazierten, rief Pele: „Nāmaka, Mutter braucht dich!"

Sobald Nāmaka fort war, näherte sich Pele dem Jungen.

„Es wird schon dunkel. Ist dir kalt, Aukelenuiaiku?", fragte sie mit einem listigen Funkeln in den Augen.

„Ein wenig", antwortete Aukelenuiaiku und lächelte freundlich.

„Schau mal", sagte Pele stolz. Sie rieb ihre Handflächen aneinander, bis kleine Flammen tanzten. Dann schickte Pele sie mit Schwung Richtung Himmel. Die Funken leuchteten und tanzten in der Dunkelheit.

Aukelenuiaiku riss die Augen auf und lachte. Jetzt würde er mal ein paar richtige Tricks sehen, nicht nur Nāmakas langweilige Wolken, dachte Pele.

„Was glaubst du eigentlich, was du da treibst?", hörte Pele plötzlich Nāmakas zornige Stimme hinter sich.

Pele drehte sich um. „Nāmaka, ich ..."

Doch schon holte Nāmaka tief Luft und pustete. Der Windstoß hob Pele von den Füßen. Rückwärts fiel sie ins kalte Wasser. Jetzt wurde Pele wütend. Sie warf eine Handvoll Flammen nach ihrer Schwester. Nāmaka duckte sich und erschuf mit einer Armbewegung eine riesige Welle. Sie wurde größer und größer und brach über Pele zusammen. Ihr Mund und ihre Nase füllten sich mit Salzwasser, sie schnappte nach Luft ...

Da zogen sie starke Arme auf die Füße. Als sie ihre brennenden Augen öffnete, erblickte sie ihre Mutter Haumea. Aukelenuiaiku flüchtete über den Strand davon. Nāmaka eilte ihm nach.

„Pele, ich habe es kommen sehen", sagte Haumea ruhig. „Du musst die Insel verlassen."

„Nein, Mutter, bitte nicht!", weinte Pele. „Sie soll gehen, nicht ich!"

„Du bist es, die gehen muss, Pele", sagte Haumea. „Nimm das Kanu deines Vaters und folge den Sternen in Richtung Norden."

Pele wusste, dass die Weisheit ihrer Mutter weiter reichte als der Ozean. Tapfer ließ sie sich von Haumea zum Kanu führen, das diese bereits mit Proviant beladen hatte.

„Ich habe ein Geschenk für dich, meine mutige Tochter." Behutsam reichte Haumea Pele ein leuchtendes Ei. „Ich schicke dich nicht allein fort. Achte auf dieses Ei. Darin wächst deine kleine Schwester heran. Sei freundlich zu ihr."

Und so verließ Pele, das kostbare Ei an die Brust gedrückt, die Insel Tahiti.

Als es Nacht wurde, bekam Pele Angst. Der Ozean war so weit, seine Wellen so dunkel und mächtig. Hilflos schlingerte das winzige Kanu hin und her, trotz des hölzernen Schwimmers, der das Boot im Gleichgewicht halten sollte. Auf dem Wasser waren Peles Talente nutzlos. Nie hatte sie sich so einsam gefühlt wie jetzt, weit weg von zu Hause. Doch das Ei an ihrer Brust war warm, und es wärmte auch Peles Herz.

Pele beobachtete die Sterne, die am Himmelszelt aufleuchteten. Sie sah hinauf zu Hōkūnohoaupuni, der endlosen Milchstraße, und zu Hikianalia, dem hellen Leitstern. Sie lenkte ihr Boot Richtung Norden. Die ganze Nacht lang paddelte sie ohne Pause, bis ihre Arme schmerzten.

Als die Sonne zu ihrer Rechten aufging, legte sie erschöpft den Kopf auf den Rand des Kanus, nur für einen kurzen Augenblick. Schützend legte sie den Arm um das Ei ... und schlief ein.

Pele träumte, dass Nāmaka sie anschrie: „Deinetwegen habe ich Aukelenuiaiku verloren ... Ich werde dir niiiiiemals vergeben!" Und in ihrer Wut warf Nāmaka Pele in die Luft wie ein loses Blatt im Wind.

Pele riss die Augen auf. Das war kein Traum! Der Himmel war pechschwarz. Regen stürzte in zornigen Wogen auf sie herab. Der Wind heulte. Die Wellen waren hoch wie Berge und hoben das kleine Kanu hinauf, weit hinauf – um es dann in die endlose Tiefe fallen zu lassen. Nāmaka hatte einen entsetzlichen Sturm heraufbeschworen. In ihrem Zorn würde sie Pele und das Ei untergehen lassen.

Pele zog das Ei zitternd vor Angst und Kälte fest an sich. Sie schloss die Augen und rief dem Ei Versprechen zu, um Nāmakas Heulen zu übertönen: „Ich werde auf dich aufpassen ... Wir werden beste Freunde ..."

Nach einer Weile, die sich wie endlos lange Tage anfühlte, ließ Nāmakas Heulen nach. Das Boot erzitterte und lag dann still im Wasser. Pele öffnete die Augen. Erleichtert atmete sie auf. Der Himmel war blau. Und der Sturm hatte das Kanu an das Ufer einer Insel gespült. Grüne Blätter und bunte Blüten säumten den goldenen Sandstrand.

„Ich nenne diese Insel Ni'ihau", sagte Pele zu dem Ei und streichelte über die Schale. „Komm, wir wärmen uns auf."

Pele nahm einen Stock und hob eine Grube für ein Feuer aus. Dann rieb sie die Hände aneinander, bis kleine Funken aufstoben, und entzündete ein Feuer. Rauch stieg in den klaren Himmel.

Da bildete sich ein Riss im Ei und wurde größer und größer, bis die Schale zersprang. Ein kleines Mädchen kletterte heraus. Es hatte leuchtende, braune Augen. Pele gab ihr einen Kuss.

„Aloha, kleine Schwester", sagte sie liebevoll. „Ich bin so froh, dass du da bist. Darf ich dich Hi'iaka nennen?"

„Aloha, große Schwester“, antwortete das kleine Mädchen, nickte und lächelte breit.

Peles Herz wurde warm vor Freude. Sie sang ein Lied von ihrer Gabe, das Feuer zu beherrschen, von ihrer gemeinsamen Reise und über ihre Liebe zu Hi'iaka.

Während Pele sang, begann Hi'iaka zu tanzen. Es war der erste Hula, der jemals getanzt wurde. Hi'iaka bewegte ihre Arme wie Flammen und wie Wellen. Sie drehte und wand sich wie das Kanu. Pele konnte nicht anders als mitzutanzen.

Doch während die zwei Schwestern tanzten und lachten, bemerkte Nāmaka den Rauch, der von Peles Feuergrube in den Nachthimmel aufstieg. Nāmaka wünschte sich, ihre verräterische Schwester wäre in dem Sturm ertrunken. Denn ihr Wutausbruch hatte Aukelenuiaiku verängstigt und ihn für immer vertrieben. Nun konnte Nāmaka es nicht ertragen, ihre Schwester glücklich zu sehen.

Nāmaka rief Kāmohoali'i, den scharfzähnigen Gott der Haie, damit er sie zu Pele trüge.

Als sie aber im Wasser des flachen Ufers stand und Peles und Hi'iakas sorglosen Tanz beobachtete, schrie sie auf. Wütend formte sie eine riesige Welle, schickte sie auf den Strand und überschwemmte Peles Feuergrube mit Salzwasser und verdutzten Krebsen. Dann trieb sie die Welle weiter, bis Pele und Hi'iaka in einem Knäuel aus Armen und Beinen im Wasser landeten.

Prustend retteten sich die beiden in das kleine Kanu. Pele paddelte so schnell sie konnte zur nächsten Insel. Dort, auf Kaua'i, buddelte Pele eine neue Feuergrube, um sich und ihre Schwester zu wärmen.

Doch Nāmaka gab nicht auf. Erneut flutete sie Peles Feuergrube mit eiskaltem Wasser. Und das geschah wieder und immer wieder, auf jedem Eiland der Hawaiianischen Inselkette. So lange, bis Pele und Hi'iaka auf der größten und südlichsten Insel landeten.

Keuchend kletterte Pele auf den höchsten Berg. Dort schürfte sie ein Loch für ihre Feuergrube, das tiefer und größer war als alle anderen zuvor. Sie ließ das Feuer so mächtig brennen, dass es den Felsen selbst zum Schmelzen brachte. Das glühende Gestein floss den Berg hinab. Pele war stolz. Ihre Kräfte waren kein bisschen weniger angsteinflößend als die ihrer großen Schwester.

Dann verschränkte Pele die Arme und wartete auf Nāmaka. Hi'iaka stand hinter ihrer flammenden Schwester.

Da stapfte Nāmaka auch schon durch die schäumende Brandung heran.

„Du willst Streit, Nāmaka?", rief Pele. „Dann kämpfe!" Mit aller Kraft warf Pele Nāmaka einen Feuerball nach dem anderen entgegen.

Nāmaka duckte sich und wich Peles Feuergeschossen aus, die zischend im Wasser landeten. Heulend vor Wut flutete Nāmaka den Strand und entwurzelte Bäume. Pele spie zornige Flammen und brannte Blumen, Blätter und Gras nieder. Die Lava aus ihrer Feuergrube floss den Berg hinab und zerstörte alles, was ihr in den Weg kam. Vögel und Fledermäuse flatterten verschreckt auf.

„Pele, hör auf!", keuchte Hi'iaka. „Die Tiere ... du wirst die ganze Insel zerstören!"

Da sah Pele die verängstigten Tiere und den brennenden Wald. Sie schlug die Hände vor den Mund. Und blickte ihre Schwester Nāmaka an. Noch nie hatte sie sie so traurig gesehen.

Pele schluckte. „Es tut mir leid, Nāmaka. Ich wollte nur, dass du mit mir spielst. Ich war eifersüchtig – und bin viel zu weit gegangen."

Nāmaka riss die Augen auf. „Mir tut es auch leid. Ich war so zornig, dass ich nicht mehr klar denken konnte. Ich hätte mir Zeit nehmen müssen für meine kleine Schwester." Sie seufzte.

Und während die Flammen erstarben und sich die See beruhigte, setzten sich die drei Schwestern gemeinsam in den Sand der Insel. Dort leben sie bis heute. Pele hat ihr Zuhause im Krater des Vulkans Kīlauea eingerichtet. Wenn die Schwestern wütend aufeinander sind, spuckt der Kīlauea Feuer in den stürmischen Ozean. Doch wenn die Schwestern glücklich sind, tanzen sie zusammen im Sand den Hula.

Oshun bringt Wasser

Eine Nacherzählung von Mythen der Yoruba

Für die Yoruba in Westafrika steht fest, dass Olodumare der Schöpfer der Welt ist. Er hat Zeit und Raum erschaffen und seine Kinder wurden Orisha genannt. Die ersten sechzehn Orisha waren männlich: Da war unter anderem Sango, der mit seiner schweren Axt Donner erzeugen konnte. Der grimmige Ogun war der beste Schwertkämpfer weit und breit. Obatala hatte flinke, geschickte Hände und Orunmila war der Klügste von allen.

Die siebzehnte Orisha war ein stilles und schüchternes Mädchen namens Oshun. Sie wusste nicht genau, was sie gut konnte, und sie fragte sich, was Olodumare wohl von ihr erwartete.

Eines Tages rief Olodumare die siebzehn Orisha zu sich. „Ich habe eine Aufgabe für euch. Ihr müsst Land erschaffen und Menschen, die darauf leben. Dafür müsst ihr eng zusammenarbeiten, denn sonst werdet ihr diese große Aufgabe nicht bewältigen können."

Damit entfernte sich Olodumare, und die Orisha steckten aufgeregt die Köpfe zusammen.

Oshun war nicht so schnell und so groß wie ihre Brüder. Alles, was sie zu sehen bekam, waren ihre breiten Rücken, und alles, was sie hörte, war ihr Gemurmel.

Oshun zupfte an Sangos Gewand, um ihn auf sich aufmerksam zu machen. Sie stellte sich auf die Zehenspitzen, um über die Schultern ihrer Brüder zu schauen. Erfolglos versuchte sie, sich zwischen den Falten ihrer Gewänder hindurchzuquetschen. Dennoch beachtete keiner der Brüder ihre kleine Schwester.

„Vermutlich kann ich ohnehin nicht helfen", dachte Oshun betrübt. Dann setzte sie sich, wohin sie sich immer setzte, wenn sie sich ausgeschlossen fühlte: auf den Mond. Sie ließ die Beine im leeren Himmel baumeln, knabberte an ihren Fingernägeln und wickelte Haarsträhnen um ihre nervösen Finger.

Der schlaue Orunmila hatte schnell einen Plan gefasst, und alle Brüder waren sich einig, dass Obatala ihn ausführen sollte, da er von allen der Geschickteste war.

Die Brüder sammelten vier Dinge: ein leeres Schneckenhaus, ein weißes Huhn, die Nuss einer Palme und eine lange goldene Kette.

Obatala füllte das Schneckenhaus mit Sand und legte es zusammen mit der Nuss behutsam in seine Tasche. Dann nahm er das sich windende Huhn unter den Arm. Nun umfassten alle anderen Brüder gemeinsam das eine Ende der goldenen Kette und warfen das andere über den Himmelsrand. Klirrend schwang die lange Kette durch die wogende, endlose Leere unter ihnen.

Fünfzehn der Brüder hielten das Ende der Kette mit aller Kraft fest, einer hinter dem anderen, die Knie vor Anstrengung gebeugt. Obatala holte tief Luft, packte die Kette und schwang seine Beine über den Himmelsrand. Dann kletterte er hinab, tiefer und immer tiefer, während seine Brüder die Zähne zusammenbissen, um die Kette festzuhalten.

„Jetzt?", fragte Obatala.

„Noch ein Stückchen tiefer", rief Orunmila zurück.

Obatala rutschte noch weiter hinab. „Jetzt?", rief er.

„Jetzt!", schrie Orunmila.

Obatala ließ die Kette mit der einen Hand los, während er das gackernde Huhn weiterhin fest umklammert hielt. Er tastete in seiner Tasche nach dem Schneckenhaus. Dann kippte er den Sand heraus, der in die große Leere unter ihm fiel. Obatala hoffte inständig, dass Orunmilas Plan funktionieren würde. Mit klopfendem Herzen ließ er die Kette los und stürzte in die Tiefe.

Nach einigen bangen Augenblicken des freien Falls landete er mit den Füßen in warmem, weichem Sand. Sand, wohin er auch schaute! Sie hatten Land erschaffen!

Obatala setzte das weiße Huhn auf dem Boden ab.

Glücklich über seine Freiheit pickte es neugierig im Sand herum. Dann scharrte es mit seinen Krallen über den Boden, dass der Sand nur so durch die Gegend flog und kleine

und große Hügel bildete. Den ganzen Tag scharrte das Huhn im Boden und erschuf so die Berge und Täler der Welt.

Nun grub Obatala ein Loch in den Boden und pflanzte die Nuss darin ein. Innerhalb eines Wimpernschlags brach die Nussschale auf und ein Keimling schoss in die Höhe. Der Keimling wuchs zu einem hohen Baum heran, in dessen Krone weitere Früchte reiften, zu Boden fielen und so neue Bäume hervorbrachten, an denen wieder Früchte wuchsen.

Obatala wusste, dass seine Brüder viel zu weit entfernt waren, um sein Rufen zu hören und ihm weiterhelfen zu können. Die nächste und schwerste Aufgabe musste er ganz allein bewältigen. Mit seinen großen Händen grub er tief in den Sand, bis er feuchten Lehm spürte. Diesen rollte und formte er in seinen Handflächen, begutachtete sein Werk und drückte hier und da noch ein wenig. Endlich war er zufrieden mit dem, was er geschaffen hatte: einen Menschen. Nun formte er einen Menschen nach dem anderen. Ein jeder sah etwas anders aus, doch Obatala war auf jeden einzelnen sehr stolz.

Von ihrem Platz auf dem Mond aus beobachtete Oshun ihren Bruder bei der Arbeit. Sie umklammerte die staubigen Felsen so fest, dass ihre Fingerknöchel weiß wurden, als Obatala wieder an der Kette hinauf und zurück zu den jubelnden Brüdern kletterte.

Vorsichtig, um nicht hinunterzufallen, lehnte sich Oshun vor, um die Menschen zu sehen, die ihr Bruder gemacht hatte. Sie klatschte vor Freude in die Hände, als sie die Menschen miteinander reden und lachen sah. Die kleinen Kinder, die spielend umherrannten, mochte sie besonders.

Doch während sie so zuschaute, geschah etwas Schreckliches. Die Menschen wurden still und verkrochen sich in den Schatten der Bäume. Niemand lachte oder spielte mehr. Die hohen Palmen begannen zu welken und ließen die Blätter schlaff herabhängen. Tiefe Risse taten sich im trockenen Erdboden auf.

„Wasser", murmelte Oshun. „Sie brauchen Wasser."

Die Brüder erschraken. Sie wollten die Menschen retten und riefen verzweifelt: „Olodumare, bitte hilf uns! Bitte gib uns Wasser!"

Doch Olodumare war zu weit entfernt, um sie zu hören.

„Oje!", keuchte Oshun und schlug die Hände vor den Mund. Sie musste etwas unternehmen, bevor es zu spät war. Sie schaute hinauf zum Himmel, wo eine einsame Wolke an der Sonne vorbeizog.

Ohne weiter darüber nachzudenken, ob sie klug, stark oder mutig genug war, verwandelte sich Oshun in einen Kanarienvogel. Ihr gelbes Kleid wurde zu gelben Federn, in derselben Farbe wie Blütenblätter und die reife Ernte auf den Feldern.

Oshun schlug schnell mit den Flügeln. Höher und höher flog sie in den Himmel hinauf.

Oshuns Brüder verstanden sofort, was ihre kleine Schwester vorhatte. „Oshun, sei vorsichtig!", riefen sie in den Himmel. „Du wirst dich verletzen! Du bist zu klein! Komm zurück!"

Doch Oshun dachte nur an die armen, durstigen Menschen unten auf der Erde. Der Wind warf sie hin und her, doch sie kämpfte sich immer höher, immer näher an die Wolke heran und näher an die Sonne. Die Hitze versengte ihre Federn, doch Oshun flog weiter. Schon lösten sich die Federn von Kopf und Hals, doch Oshun flog weiter.

Und während das mutige Mädchen weiterflog, wurden ihre Flügel stärker und größer. Nun war Oshun ein Geier mit braunen Flügeln und fast federlosem Kopf und Hals, wie alle Geier, die je auf der Erde gelebt haben.

Endlich, als die Flammen der Sonne schon Oshuns Flügelspitzen verbrannten, schlug sie ihren scharfen Schnabel in die Wolke, und Wasser durchnässte ihre Federn. Oshun machte kehrt, die Wolke zog sie dabei hinter sich her.

Und mit jedem Flügelschlag schickte sie einen Wirbel aus Wassertropfen auf die Erde. Der Regen tränkte das durstige Land. Die Menschen hoben die Hände, sammelten die Tropfen darin und tranken das kühle, süße Wasser.

Nun wusste Oshun, worin sie gut war. Sie wusste, was von ihr erwartet wurde. Sie würde den Menschen helfen, wenn sie in Not waren, und immer dafür sorgen, dass sie genug Wasser hatten!

Oshun landete zwischen ihren Brüdern. Sie beteuerten ihr, wie leid es ihnen täte, dass sie die warnenden Worte des Vaters vergessen hatten. Und sie sagten ihr, dass sie ihre Lektion gelernt hatten: Nur gemeinsam konnte ihr Werk gelingen.

„Auch der kleinsten Schwester müssen wir zuhören", sagte Sango.

Im Land der Yoruba sammelte sich fortan das Wasser zwischen den Hügeln und floss als mächtiger Strom bis zum Meer. Krokodile mit schmalen Schnauzen schwammen darin und schnappten sich Tilapia-Fische und Welse. Entlang der Flussufer wogten Schilf und grünes Gras. Obstbäume, vom Sternenapfel bis zur Avocado, wurzelten im feuchten Boden.

Aus Dankbarkeit nannten die Menschen den Fluss Oshun, was „fließen" bedeutet. Noch heute wird jedes Jahr ein Fest zu Oshuns Ehren gefeiert. Denn sie ist die Orisha des Wassers und die Lebensbringerin – und sie hört all jenen zu, die sich verloren oder einsam fühlen.

Die Prüfungen der Étaín

Eine Nacherzählung von Mythen aus Irland

Vor langer, langer Zeit wandelten die Göttinnen und Götter Irlands noch über das Land, statt sich unter der Erde zu verbergen. In jenen Tagen waren sie tapfer und mächtig, doch zeitweise auch rachsüchtig und grausam. Die Göttinnen und Götter nannten sich selbst die Tuatha Dé Danann, das „Volk der großen Göttermutter Danu".

Die lieblichste und schönste aller Göttinnen war Étaín. Jeden Morgen wartete die Sonne darauf, dass Étaín erwachte, bevor sie selbst aufging. Und erst, wenn Étaín sich schlafen legte, ging auch die Sonne erschöpft hinter dem Horizont unter.

Étaín war bekannt dafür, stets ein feuerrotes Gewand zu tragen. Ihre große Liebe war der Gott Midir. Er herrschte über die Flüsse Irlands und leitete sie durch das Land, um die Wiesen und Wälder zu bewässern.

Als Étaín und Midir heirateten, zogen sie in eine Burg, die auf einem Hügel mitten im Herzen Irlands lag. Soweit das Auge reichte, war ihr Heim von saftig grünen Wiesen umgeben, in denen die schönsten Wildblumen blühten.

Étaín und Midir freuten sich auf ein gemeinsames Leben voller Liebe und Lachen. Alle Götter und Göttinnen wünschten den strahlenden Frischvermählten Glück. Alle bis auf eine.

Die Zauberin Fúamnach beherrschte die Mächte der Dunkelheit. Auf ihrer Schulter saß stets ein kluger Rabe, der die Seite seiner Herrin nur verließ, wenn er für sie auf Erkundungsflug ging.

Fúamnach war nicht zum Hochzeitsfest eingeladen worden. Sie war eifersüchtig und konnte Étaíns und Midirs Glück nicht ertragen. Und so beschloss sie, dem ein Ende zu setzen.

Auf ihrem Rappen galoppierte Fúamnach zur Burg, in der Étaín und Midir lebten. Sie klopfte so heftig gegen das schwere Eichentor, dass das Echo wie Donner durch die Gänge hallte.

Mutig begrüßte Étaín die Zauberin, denn es war verboten, einen Besucher abzuweisen, wer immer es auch war. Die liebliche Göttin führte die Hexe in den Festsaal der Burg und bot ihr einen Kelch Met an. Sie waren allein in der Burg, denn Midir war mit seinen Gefolgsleuten bei der Jagd.

„Gnädigste Fúamnach“, sagte Étaín mit einer Verbeugung. „Ich hoffe, Ihr könnt mir vergeben, dass ich Euch nicht eher eingeladen habe. Ihr sollt wissen, dass Ihr uns immer willkommen seid.“

„Unsinn“, zischte Fúamnach und kniff die Augen zusammen. Ihr Rabe krächzte heiser.

Étaín zuckte zurück und vergrub die Hände in den Falten ihres roten Kleids. „Gnädigste“, erwiderte sie erschrocken, „ich hoffe doch, wir können Freundinnen ...“

Doch die Zauberin fletschte nur die Zähne. Bevor Étaín etwas sagen oder gar fliehen konnte, zog Fúamnach ihren Zauberstab aus Ebereschenholz hervor und schlug zu. Étaín, die junge Göttin, war verschwunden. Wo sie eben noch gestanden hatte, war nun eine Wasserpfütze auf dem Boden.

Höchst zufrieden mit sich und dem ersten Teil ihres Plans, machte Fúamnach sich an die Verfolgung von Midir.

Entsetzt spähte die Sonne durch das Fenster der Burg auf die Wasserpfütze. In ihrer Wärme begann das Wasser zu verdunsten. Und als die Pfütze immer kleiner wurde, verwandelte sie sich in einen winzigen roten Wurm. Der Wurm streckte sich und kroch über die Dielen. Dann verwandelte er sich in eine scharlachrote Fliege. Die Fliege schlug vorsichtig mit den zarten Flügeln und flog dann zum Fenster hinaus. Denn die Fliege war niemand anderes als Étaín, und sie musste Midir unbedingt finden, bevor die Zauberin auch ihn verfluchen würde.

Étaín flog über Wiesen und Sümpfe. Ihre Flügel schimmerten im Sonnenlicht, ihre Augen glänzten wie Rubine, und ihre kleinen Flügel gaben ein herrliches Geräusch von sich, heller als Glockenläuten und süßer als die Klänge einer Harfe.

Mit ihren scharfen Ohren vernahm Fúamnach das herrliche Geräusch. Sogleich schickte die Zauberin einen starken Wind, der die arme Étaín gegen Felsen und Baumstämme schleuderte. Jahr für Jahr blies der Wind und gönnte Étaín nicht einen Moment der Ruhe. Wann immer sie eine Blume sah, auf der sie sich niederlassen konnte, oder ein weiches Mooskissen zum Ausruhen, hob sie der Sturmwind hoch und trug sie mit dem Staub und den Blättern fort.

Irgendwann, als Étaíns Flügel schon ganz zerrissen waren, wehte sie der Wind durch das Fenster eines Hauses. Dort wohnte ein Mann namens Étar mit seiner Frau Ness. Erschöpft fiel Étaín in einen Kelch Rotwein. Ohne sie zu bemerken, hob Ness den Kelch zum Mund, leerte ihn und schluckte den Wein mitsamt Étaín hinunter.

Und so geschah es, dass Étaín 1012 Jahre nach ihrer ersten Geburt zum zweiten Mal zur Welt kam. Denn im folgenden Frühjahr gebar Ness ein kleines Mädchen, das schöner war als die Sonne selbst.

Die Eltern kannten die alten Geschichten von den Tuatha Dé Danann und der schönsten aller Göttinnen Étaín, und so nannten sie ihre Tochter Étaín.

Ness und Étar liebten Étaín, und Étaín liebte sie. Ness kleidete ihre Tochter stets in Rot. Zwar glaubte die Familie nicht wirklich daran, dass die Tuatha Dé Danann je über das Land gegangen waren. Doch immer wieder bat Étaín ihre Mutter, ihr von diesen zauberhaften Wesen zu erzählen, die durch Spalten im Boden auf die Erde kamen.

Und obwohl Étaín keinerlei Erinnerung mehr daran hatte, wer sie wirklich war, erklärte sie ihrer lachenden Mutter oft, dass sie eine wahre Feenprinzessin sei. In ihren Träumen sah sie immer wieder einen traurigen Jungen namens Midir, der sie zu rufen schien.

Als Étaín alt genug war, um allein in die Welt hinauszuziehen, wanderte sie eines Tages einen steilen Hügel im Herzen Irlands hinauf. Ein heftiger Windstoß fuhr über das grüne Gras und die Wildblumen und blies Étaín Blätter ins Gesicht. Da wusste sie auf einmal wieder, wer sie war. Und sie wusste, dass Midir hier unter der Erde gefangen war.

Étaín stampfte mit dem Fuß auf. Wie Donner hallte das Geräusch durch die unterirdischen Gänge.

„Fúamnach", brüllte sie. „Lass mich ein! Du kannst mich nicht abweisen. So wie ich dich einst in mein Heim einließ, musst du nun auch mich empfangen!"

Ein Spalt tat sich unter Étaíns Füßen auf und sie kroch in die Finsternis. Nur ein feiner Lichtschimmer an den Wänden der unterirdischen Gänge wies ihr den Weg, bis Étaín eine Höhle erreichte. Dort erwarteten sie Fúamnach und ihr Rabe bereits.

„Du hast dir viel Zeit gelassen", sagte Fúamnach mit einem fiesen Grinsen.

„Gib mir Midir zurück", forderte Étaín.

„Glaubst du wirklich, du kannst einfach so hier hereinmarschieren und nach ihm verlangen?", kicherte Fúamnach.

Doch Étaín blieb standhaft, ihre Nägel gruben sich tief in ihre geballten Fäuste.

„Ich mache dir ein Angebot“, sagte Fúamnach. „Jeden Tag spielen Midir und ich eine Partie Fidchell.“ Sie deutete auf ein steinernes Spielbrett auf einem Tisch. Ein Sonnenstrahl, der durch einen Riss im Erdboden fiel, beleuchtete die aufgestellten Figuren. „Ich habe Midir gesagt, dass er gehen kann, wenn er mich besiegt.“ Sie kicherte. „Er spielt wirklich schlecht. Doch wenn du mich schlägst, kannst du ihn haben.“

Étaín erinnerte sich, vor langer, langer Zeit einmal Fidchell gespielt zu haben. „Ich nehme dein Angebot an“, sagte sie. Sie setzte sich an das Spielbrett gegenüber der Zauberin.

Das steinerne Fidchell-Spielbrett hatte sieben mal sieben Felder und in der Mitte stand die imposante Spielfigur des Königs, umgeben von seinen silbernen Verteidigern. An den Rändern des Spielfeldes wachten die bronzefarbenen Angreiferfiguren.

„Ich spiele selbstverständlich Bronze“, sagte Fúamnach.

„Natürlich“, nickte Étaín. Ihre Aufgabe war es nun, mit den silbernen Spielfiguren einen Fluchtweg für den König durch das Heer der Angreifer freizuschlagen. Fúamnach würde ihrerseits versuchen, die silbernen Verteidiger mit ihren bronzenen Figuren zu umzingeln und zu fangen.

Fúamnach eröffnete das Spiel und zog eine Bronzefigur auf eine von Étaíns Silberfiguren zu. Étaín hatte nun zwei Möglichkeiten: Entweder sie wich mit dieser Figur aus oder sie griff ihrerseits eine der Bronzefiguren an, um Fúamnach zu zwingen, sich zu verteidigen. Sie griff an.

Nach drei weiteren Zügen hatte Étaín eine Bronzefigur geschlagen, doch auch die Zauberin hatte eine ihrer Silberfiguren entfernt. Fúamnach war eine geschickte Spielerin. Étaín starrte auf den König, der in der Falle saß. Sie musste sich konzentrieren, sie brauchte einen Plan!

Neun Züge später hatte Fúamnach drei weitere Silberfiguren gefangen, während Étaín nur zwei Bronzefiguren geschlagen hatte. Étaíns Handflächen waren feucht. Wie sollte sie dem König einen Fluchtweg bahnen? Da bemerkte sie eine Schwachstelle: Eine von Fúamnachs Figuren stand ganz allein. Wenn Étaín diese Figur schlug, wäre der Weg für den König frei. Doch dafür brauchte sie unbedingt ein Ablenkungsmanöver.

Auf der anderen Spielbretthälfte zog Étaín eine ihrer Silberfiguren in eine gefährliche Stellung. Und wirklich, die Finte funktionierte: Triumphierend schnappte sich die Zauberin diese Figur!

„Ach", seufzte Étaín, „du bist eine so viel bessere Spielerin als ich. Würdest du mir einen Wunsch gewähren, bevor ich verliere? Darf ich Midir ein letztes Mal sehen?"

Zufrieden mit dem Spielverlauf kicherte Fúamnach: „Einen allerletzten Blick auf deinen Gemahl für dich und ein allerletztes Mal Sonnenlicht für ihn." Mit einer Handbewegung der Zauberin erschien Midir in der Höhle und blinzelte verwirrt ins Licht.

„Étaín!", rief er und eilte auf sie zu.

Étaín ergriff Midirs Hand und drückte sie. Wie gern hätte sie ihren geliebten Midir umarmt und geküsst. Doch jetzt war nicht der richtige Augenblick dafür.

„Ich glaube, ich bin an der Reihe", sagte Étaín. Und mit einem einzigen Zug umzingelte sie Fúamnachs einsame Bronzefigur und schlug so den Weg für den König frei.

Fúamnach kreischte auf und ihr Rabe flog mit einem grässlichen Krächzen von ihrer Schulter.

„Ich habe gewonnen", rief Étaín. Mit einem tiefen Atemzug verwandelte die Göttin sich und Midir in zwei prächtige Schwäne.

Die beiden Schwäne erhoben sich in die Luft und flogen durch den Spalt im Felsen hinauf in den blauen Himmel. Seite an Seite glitten sie über die Heide, über Wälder und Flüsse, der strahlenden Sonne entgegen.

Seit jenem Tag wissen die Menschen Irlands, dass wahre Liebe unbesiegbar ist, und das ist ebenso gewiss, wie die Sonne nach einer dunklen Nacht zurückkehrt.

Xquic und das leere Netz

Eine Nacherzählung von Mythen der Maya

Als die Welt noch jung war, geschahen Dinge wie das Wetter und die Jahreszeiten noch nicht von allein. Die Götter, die hierfür zuständig waren, wollten gefeiert und gepriesen werden, damit sie auch stets daran dachten, rechtzeitig Regen und die richtige Menge an Sonnenschein zu schicken, um die Ernte auf den Feldern gedeihen zu lassen. Sie hatten bereits viele Lebewesen geschaffen: Vögel, Jaguare und viele andere. Allerdings konnten diese die Götter nicht so verehren, wie die es sich wünschten.

Und so beschlossen sie, Menschen aus Erde zu schaffen. Doch dieser erste Versuch war kein Erfolg, denn sobald die Menschen zu gehen und zu sprechen versuchten, zerfielen sie wieder.

Als Nächstes versuchten es die Götter mit Holz. Das gelang tatsächlich, und schon bald verbreiteten sich die hölzernen Menschen laut plaudernd auf der ganzen Erde. Doch die Götter begriffen schnell, dass die Herzen der Holzmenschen leer waren. Sie erinnerten sich nicht an ihre Schöpfer und richteten sich nicht nach dem Kalender. Daraufhin ließ Hurakan, der Gott des Sturmes, es Tag und Nacht regnen und die Sintflut spülte die Holzmenschen davon.

Rat suchend wandten sich die Götter an die Göttermutter Xmucane und den Göttervater Xpiyacoc. Es hieß, die beiden könnten die Zukunft vorhersagen.

Xmucane und Xpiyacoc berieten sich. Schließlich hatte die Göttermutter eine Idee. Sie mahlte Mehl aus weißem und gelbem Mais und fügte ein wenig Wasser hinzu. Mit großer Sorgfalt formte sie aus dem klebrigen Teig Menschen.

Zunächst lagen die Menschen nur reglos da, keine Atemzüge hoben ihre Brust, keine Gedanken flackerten hinter ihren Augenlidern. Doch Xmucane arbeitete weiter und weiter. Als ihre Finger vom Teig ganz verklebt waren, wusch sie diese und bewahrte das trübe Wasser in einer Schüssel auf.

Als Xmucane genügend Menschen geformt hatte, um die Erde zu bevölkern, kochte sie den Inhalt ihrer Schüssel auf. Mit einem Löffel träufelte sie jedem Menschen ein wenig von der Brühe in den Mund. Nun konnten sie atmen und denken und sich bewegen.

Alle Götter waren sich einig, dass die Menschen aus Mais perfekt waren. Niemals vergaßen sie, ihre Schöpfer zu loben. Sie erinnerten sich stets daran, die Tage im Kalender zu zählen und so die richtigen Feste zu feiern, um sicherzugehen, dass die Sonne noch immer über den Himmel zog, der Mond noch immer aufging und die Sterne sich noch drehten.

Viele Jahre lang wanderten die Menschen aus Mais durch das Land, jagten wilde Tiere und sammelten Beeren und Samen. Nachts schliefen sie an ihren Lagerfeuern, welche Jaguare und Klapperschlangen fernhalten sollten. Es war ein hartes Leben, immer in Bewegung, immer auf der Hut vor Gefahren, aber die Menschen kannten es nicht anders.

Doch dann geschah es, dass die Sonne in einem Jahr zu nah an der Erde vorbeiwanderte. Die Pflanzen verdorrten, die Seen trockneten aus und die Tiere siechten dahin. Und schon bald hungerten auch die Menschen. Sie wurden immer dünner, durstiger und ängstlicher. Unter ihnen war ein Mädchen namens Xquic.

Xquic ertrug es nicht, ihre Familie hungern zu sehen, und beschloss, Xmucane um Hilfe zu bitten. Am nächsten Morgen stand das Mädchen noch vor Sonnenaufgang auf und kletterte auf die Spitze des höchsten Hügels. Dort wartete sie zitternd in der Dunkelheit, bis endlich die Sonne aufging.

„Große Xmucane!“, rief Xquic so laut und mutig sie konnte. „Bitte hilf uns! Wir sind am Verhungern, und ich weiß nicht, was wir tun sollen!“

Überrascht blickte die Göttin auf die Erde herab. Sie war es nicht gewohnt, gerufen zu werden, um Hilfe zu leisten. Doch etwas an dem Mädchen bewegte sie, vielleicht die entschlossene Art, wie sie ihre Hände zu Fäusten ballte.

Mit wehendem Haar und klirrenden Ohrringen erschien Xmucane vor Xquic, die keuchend vor ihr auf die Knie fiel.

„Steh auf, steh auf", sagte Xmucane ungeduldig und drückte Xquic einen leeren Netzbeutel in die Hände. „Fülle dieses Netz mit Nahrung."

„Aber wie soll ich denn ...?", murmelte Xquic und betrachtete betrübt die Löcher des leeren Netzbeutels. Doch als sie aufblickte, war Xmucane schon verschwunden.

Im orangeroten Licht der aufgehenden Sonne lief Xquic zurück ins Tal und hielt Ausschau nach Nahrung, mit der sie den Beutel füllen könnte. Doch die Bäume waren kahl, die Vögel waren fortgeflogen. Sie fragte sich, ob der Beutel möglicherweise verzaubert war. Also schaufelte sie eine Handvoll Erde und Kieselsteine in den Beutel. Doch anstatt sich in Essen zu verwandeln, rieselten sie einfach durch das Netz.

Da entdeckte Xquic eine Pflanze, die aus einem Riss im trockenen Boden wuchs. Solch eine Pflanze hatte Xquic noch nie zuvor gesehen: Sie hatte lange, schmale Blätter und ganz oben auf dem hohen Stängel saß ein rotes Büschel.

Als Xquic genauer hinschaute, entdeckte sie an der Pflanze eine merkwürdige, längliche Frucht, die fest in grüne Blätter eingeschlossen war. Die Frucht enthielt lauter dicht aneinandergereihte Körner. Xquic pulte eines der Körnchen heraus und steckte es sich vorsichtig in den Mund. Es zerplatzte süß auf ihrer Zunge. Aufgeregt über diese Entdeckung steckte Xquic die gelbe Frucht in ihren Beutel.

Doch der Beutel war noch immer ziemlich leer. Wie nur sollte Xquic aus den winzigen Körnern genug Essen erschaffen, um den Beutel zu füllen? Frustriert stampfte sie mit dem Fuß auf und spürte, wie ein Schluchzen in ihr hochstieg, das ihre Kehle zusammenschnürte und ihre Schultern beben ließ. Keinesfalls wollte sie mit leeren Händen zu ihrer Familie zurückkehren. „Oh, helft mir, bitte, helft mir!", rief sie in ihrer Verzweiflung.

Eine sanfte Hand berührte Xquic am Arm, so zart wie die Flügel eines Schmetterlings.

„Weine nicht, wir werden dir helfen", sagte eine leise Stimme. Xquic wirbelte herum und erblickte hinter sich eine wunderschöne Göttin.

„Ich bin Ixcanil, die Göttin der Ernte und des Mais", sagte sie sanft.

Nun hörte Xquic plätscherndes Wasser, ähnlich dem Geräusch eines Bächleins, welches über einen moosigen Felsen springt.

Eine zweite Göttin erschien, deren blaues Kleid und seidene Haut vor Regentropfen glitzerten.

"Ich bin Ixchel, die Göttin des Wassers", sagte sie.

Auf einmal drang ein köstlicher Duft in Xquics Nase, reicher und voller als alles, was sie je zuvor gerochen hatte, und das Wasser lief ihr im Mund zusammen. Und eine dritte Göttin erschien, mit warmen, braunen Augen und einem Lächeln voll Trost und Zuversicht.

„Ich bin Ixcacao, die Göttin des Kakaos", sagte sie freundlich.

Xquic wusste nicht, ob sie vor Freude weinen oder lachen oder dankbar auf die Knie fallen sollte.

„Gib mir deinen Maiskolben", bat Ixcanil und zog mit dem Fuß Furchen in den trockenen Erdboden. Die Göttin nahm den Maiskolben in beide Hände und drehte und drückte ihn, bis die Körner abfielen und in die Furchen purzelten. „Die gelben Körner schmecken gut, doch sie lassen sich auch einpflanzen. Bewahre von jeder Ernte einen Teil der Körner als Saatgut auf."

„Die Körner müssen gewässert werden, sonst keimen und wachsen sie nicht", trillerte Ixchel. In den Händen der Göttin erschien ein Tongefäß voller Wasser, das sie über den Acker goss. Sogleich schossen grüne Triebe aus der Erde.

„Kümmere dich gut um deine Pflanzen, dann werden jedes Jahr aufs Neue fruchtbare Maiskörner heranwachsen. Warte geduldig, bis sie ganz reif sind, bevor du die Körner erntest. Dann trockne und zermahle die Körner zu Mehl", rieten ihr die Göttinnen. „Oder gib sie in eine heiße Pfanne und warte, bis sie zu Popcorn zerplatzen!"

Ixcacao lachte vergnügt und hielt Xquic eine Tasse entgegen. „Hier, trink meinen Kakao", sagte sie.

Die Tasse war mit einer dickflüssigen braunen Flüssigkeit gefüllt. Zu lang war es her, seit Xquic zum letzten Mal gegessen oder getrunken hatte, daher nippte sie vorsichtig an der Tasse. Das Getränk war bitter, doch köstlich, und ihr Bauch füllte sich mit Glück. Xquic leckte sich die Lippen und wollte sich bei den drei Göttinnen bedanken, doch als sie aufblickte, waren sie bereits verschwunden.

Dafür wogten überall im Tal, soweit ihr Auge reichte, hohe, goldene Maispflanzen mit prallen, reifen Kolben. Sie mussten nur noch geerntet werden!

Vor Freude singend füllte Xquic ihr Netz mit den goldgelben Maiskolben, bis es so schwer war, dass sie es fast nicht mehr tragen konnte. Dann rannte sie zu ihrer Familie und ihren Freunden, die ihr erstaunt, aber strahlend bei der Ernte halfen.

Xquic kochte einen Teil der Maiskörner in Kalkwasser und zermahlte sie mit einem Stein zu Mehl. Daraus knetete sie einen Teig, formte zwischen ihren Fingern kleine, flache Brotfladen und buk sie über dem Feuer. Ihr Freunde und ihre Familie liebten die kleinen Fladen und hatten fortan nie mehr Hunger. Heute kennt man sie unter dem Namen Mais-Tortillas.

Von da an mussten die Menschen nicht mehr ihren Beutetieren nachziehen, sondern wurden als Bauern sesshaft. Sie bauten Höfe und Dörfer, und über die Jahrhunderte wuchsen diese Dörfer zu großen Städten heran. Die Menschen bauten auch herrliche steinerne Bauwerke und Pyramiden, um den Göttern und Göttinnen für ihre Hilfe zu danken. Einige davon bewundern wir noch heute als wahre Weltwunder.